68
LES ARCHIVES DU POUVOIR

CHRONIQUES INÉDITES D'UN ÉTAT FACE À LA CRISE

CET OUVRAGE A ÉTÉ RÉALISÉ AVEC LE SOUTIEN DE LA FONDATION D'ENTREPRISE LA POSTE ET DE L'INSTITUT NATIONAL DE L'AUDIOVISUEL

ARCHIVES NATIONALES

Chargée de mission pour la diffusion scientifique *Claire Béchu*
Coordination éditoriale *Éric Landgraf*
Recherche iconographique *Florie Montier*

59, rue Guynemer
93383 Pierrefitte-sur-Seine Cedex
www.archives-nationales.culture.gouv.fr
ISBN : 978-2-86000-377-3

L'ICONOCLASTE

Direction éditoriale *Rachel Grunstein*
Direction artistique *Sara Deux, avec Vincent Lever*
Révision *Matthieu Recarte*
Fabrication *Marie Baird-Smith*
Photogravure *Les Artisans du Regard*

L'Iconoclaste
27, rue Jacob, 75 006 Paris
Tél : 01 42 17 47 80
iconoclaste@editions-iconoclaste.fr
68 Archives du pouvoir *se prolonge sur www.editions-iconoclaste.fr*

ISBN : 979-10-95438-65-6

68
LES ARCHIVES DU POUVOIR

SOUS LA DIRECTION SCIENTIFIQUE DE
PHILIPPE ARTIÈRES ET EMMANUELLE GIRY

PRÉFACE DE
MICHELLE PERROT

CHRONIQUES INÉDITES D'UN ÉTAT FACE À LA CRISE

Liberté • Égalité • Fraternité
RÉPUBLIQUE FRANÇAISE
Ministère
Culture
ARCHIVES NATIONALES
L'ICONOCLASTE

AVANT-PROPOS

Par Françoise Banat-Berger, directrice des Archives nationales

Au cours de leur histoire, les Archives nationales se sont constituées comme une institution duelle, à la fois mémoire de la nation, et de chacun de ses citoyens, et réceptacle sinon naturel du moins réglementaire des papiers des gouvernements et de leurs administrations.
Articuler et accorder ces deux natures peut parfois être une gageure au gré des rapports entre l'État et les citoyens. Pourtant, c'est bien à ce double titre que les Archives nationales s'inscrivent dans le cinquantième anniversaire des événements du printemps 1968 : comme institution citoyenne, il était essentiel qu'elles s'investissent dans la commémoration de l'événement. Leurs missions les conduisent par ailleurs à valoriser le cœur de leurs collections que sont les archives publiques versées par les administrations.
Cette double identité a ainsi présidé au choix de l'angle choisi pour s'inscrire dans ce cinquantenaire : les Archives nationales proposent de mai à septembre 2018 une exposition, accompagnée d'un livre, intitulée *68, les Archives du pouvoir*. Le parti pris est d'exposer les événements du printemps 1968 vus par le pouvoir et ses différentes composantes, depuis la présidence de la République jusqu'aux services de l'exécution et de la mise en œuvre des politiques publiques. L'objectif est avant tout citoyen : il s'agit de montrer comment le patrimoine archivistique de la nation peut expliquer les mécanismes d'un État en difficulté. Les deux facettes des Archives nationales sont à nouveau harmonieusement conjuguées.
Ces actions engagées par les Archives n'ont pas été dictées par une opportunité de calendrier, ni par une volonté de prise de position dans le débat sur la pertinence d'une « commémoration 1968 ». L'inscription dans ce cinquantenaire a un retentissement archivistique réel : il s'agit d'un véritable « événement d'archives ». En effet, ce cinquantenaire coïncide avec l'ouverture réglementaire des archives de l'État encore couvertes par les secrets liés à la vie privée ou à la défense des intérêts dits fondamentaux de l'État tels que définis

par le Code du patrimoine. Des documents s'ouvrent ainsi à la connaissance ; les chercheurs pourront désormais explorer un nouveau pan de notre histoire. La construction de cet ouvrage et de notre exposition est née justement d'une collaboration étroite entre archivistes et chercheurs : le double commissariat de Philippe Artières, directeur de recherche au CNRS, et d'Emmanuelle Giry, conservatrice du patrimoine aux Archives nationales, en témoigne. Un conseil scientifique composé d'universitaires et de professionnels du patrimoine a accompagné la construction de l'exposition. Michelle Perrot, enfin, nous a fait l'honneur de soutenir ce projet et de préfacer cet ouvrage.

Des archives inédites

Le dévoilement des archives a un caractère largement inédit. Les documents présentés sont principalement issus des fonds des Archives nationales : cette sélection nécessaire ne doit pas masquer la richesse documentaire des services du réseau des Archives de France dont les Archives nationales ne sont qu'une partie. Ni l'ouvrage ni l'exposition ne visent l'exhaustivité : ils sont autant de suggestions et d'invitations à l'étape ultime d'appropriation citoyenne des archives que sont la consultation et le dépouillement documentaires. De même, il aurait été incomplet de présenter Mai 68 vu par le pouvoir sans montrer des images gouvernementales produites et diffusées à l'époque : un partenariat avec l'Institut national de l'audiovisuel, qui conserve les fonds sonores et audiovisuels de l'ORTF, a permis de faire dialoguer les archives gouvernementales avec la production d'images d'époque.

Je salue les autres collaborations dont nous avons bénéficié : le service d'archives de la préfecture de police de Paris a mis à notre disposition de nombreuses photographies ; le musée des Compagnies républicaines de sécurité de Vélizy nous a prêté des objets et a apporté son expertise concernant l'histoire des forces de l'ordre en 1968.

Au-delà des documents reproduits dans cet ouvrage, j'invite chacun à venir découvrir grâce à nos outils de médiation, à nos inventaires, les autres richesses disponibles sur 1968 aux Archives nationales. Je reprendrai pour conclure ce mot que nous avions lancé en 2012 pour l'ouverture de notre site de Pierrefitte-sur-Seine : « Aux archives, citoyens ! »

68 A CINQUANTE ANS

Par Michelle Perrot

L'exposition des Archives nationales et le livre qui l'accompagne sont à deux titres un événement : mémoriel et archivistique. Cinquante ans, c'est le délai légal pour la consultation de la plupart des archives ; il faut soixante-quinze ans pour les documents soumis au secret judiciaire, des dérogations pour certains documents de l'Intérieur. Néanmoins, l'essentiel des versements des ministères est accessible et les Archives nationales, notamment son actuelle directrice, Françoise Banat-Berger, historienne des prisons et donc initiée aux arcanes du secret, ont souhaité marquer l'anniversaire de 1968 en ouvrant les archives du pouvoir.

Car c'est de cela qu'il s'agit : des milliers de rapports, de notes, parcellaires ou synthétiques, de photographies, de documents saisis que les agents de l'État, à tous les niveaux, ont transmis à leurs supérieurs hiérarchiques. Cette littérature dite « grise », produite par un pouvoir qui n'a jamais cessé de fonctionner, aligne des centaines de mètres linéaires, une masse impressionnante dans laquelle Philippe Artières, historien familier de tous les types d'archives, et Emmanuelle Giry, archiviste, commissaires de l'exposition, se sont immergés, en quête des documents les plus significatifs, ceux qui révèlent les hésitations, les représentations qui guident les interventions de l'État et ses pratiques. Avec eux, nous passons de l'autre côté du miroir, nous pénétrons dans l'intime d'un pouvoir désarçonné, mais réactif et finalement, à court terme, maître du jeu.

Ce qui frappe d'abord, c'est la facture même des documents. Ils appartiennent à un ancien régime graphique, antérieur aux ordinateurs, qui ont tout changé dans notre manière d'écrire et de conserver, sans qu'on sache encore comment ils modifieront le travail des archivistes et des historiens. On trouve des tableaux, des formulaires à remplir sur les grèves, des graphiques dessinant une scène de crime pour la noyade tragique de Gilles Tautin, des notes dactylographiées maladroites avec des mots barrés, surchargés, des ajouts marginaux. Des brouillons traduisent les hésitations, comme celui de l'allocution du général de Gaulle radiodiffusée le 30 mai. Beaucoup de photographies un peu ternes, dépourvues de soucis esthétiques, destinées non à la télévision ou au cinéma, à vrai dire on ne sait pas bien à quoi, montrent les cortèges, le face à face des manifestants et des CRS, les scènes de la vie quotidienne d'un Paris rationné. Les pénuries – d'aliments, d'essence –, l'accumulation des ordures illustrent cette « chienlit » où de Gaulle voulait voir l'essence de 68. Il y a un genre « photo de police » qui requiert explication.

Les multiples voix de l'État

Ce que donnent à voir ces archives, c'est la continuité – la solidité – de l'État : « Alors que le pays est à l'arrêt, l'État continue de fonctionner. » Il s'informe, notifie, réagit, surveille, gère le quotidien, collecte, consigne, reprend la main en négociant (le moment Grenelle est stupéfiant d'improvisation volontariste) et en réprimant : le décret du 12 juin interdisant les organisations d'extrême gauche marque un tournant. Tout cela produit, comme l'écrit Philippe Artières, un gigantesque « monument de papiers » où concourent tous les agents de l'État. Très diversement. Certains sont remarquables, tel Bernard Ducamin, maître des requêtes au Conseil d'État, soldat inconnu de la République, qui rédige le 18 mai, à l'intention de Bernard Tricot (secrétariat général), une note lucide et pragmatique. « Le tableau de la situation est sombre. Toutes les conditions objectives d'un drame sont réunies. » On ne saurait y répondre uniquement par la répression. En déplorant que « deux semaines [ont] été perdues », il déconseille fortement l'emploi de l'article 16 et recommande des réformes qui s'imposent. « Si une large partie du pays aspire au calme, elle aspire aussi à un renouveau. » Il faut changer de ministres, réformer l'Université et l'ORTF, négocier avec les partenaires sociaux. Il préconise un référendum, point qui suscitera la fébrilité du pouvoir.

Tous les intervenants n'ont pas cette qualité. La plupart ressassent les thèmes classiques de la conspiration et des meneurs, celle du Parti communiste, dont le désarroi n'est guère perçu, ou des étudiants, deux catégories surtout :

les étudiants allemands et juifs. Un étrange antisémitisme continue de hanter les cervelles policières. Cohn-Bendit (écrit d'abord « Kohn-Bendit ») réalise cette dualité qui irrite tant Georges Marchais. « Nous sommes tous des juifs allemands », répliquent les étudiants gouailleurs.

Des femmes invisibles

Ces courtes vues limitent nécessairement l'appréhension des choses. On trouvera peu d'analyses critiques ou d'interrogations perspicaces, peu d'éléments sur la situation sociale, psychologique ou générationnelle. Actrice majeure, la jeunesse est presque indiscernable. Au passage, notons la virilité des interlocuteurs. Peu de femmes dans l'hémicycle de l'Assemblée nationale, pas une autour de la table de Grenelle, ni dans les délégations étudiantes. Les photographies nous livrent çà et là quelques silhouettes qui attestent leur présence dans les manifestations ou les amphithéâtres. On les « icônise » aisément. Une photographie de la manifestation gaulliste de l'Étoile saisit une jeune femme brandissant d'une main le drapeau français, de l'autre tenant en laisse un chien : symbole de l'ordre restauré. Les quelques allusions aux « filles » reproduisent les stéréotypes qui coïncident trop souvent avec leur situation réelle d'objets sexuels. À Nanterre, tout commence fin 1967 par la revendication du libre accès à leurs dortoirs. À Avignon, elles seraient les « égéries » de la contestation : les guitaristes « excitaient les garçons en fredonnant : "Allez-y les gars, montrez-nous que vous êtes des mâles" ». À l'ancienne faculté des sciences, « les minettes du bâtiment L sont fatiguées de servir d'exutoire aux parasites en mal de révolution sexuelle ». Elles ne veulent plus être embrassées « sans invitation de leur part ». Précoce protestation contre le harcèlement sexuel. Le MLF, c'est pour demain.

L'exposition et le livre montrent avec éclat – celui du gris métallique – l'autre face de 68 : celle du pouvoir, de son incroyable capacité de résistance à la contestation, y compris par la réforme, mais aussi de son aveuglement devant les changements qui traversent la société française et, au-delà, européenne, mondiale.

Car tout commence. « Sous les pavés, la plage ». Sous les cendres de la mémoire, le feu couve encore.

LES AUTEURS

Philippe Artières
Directeur de recherche au CNRS (IIAC-EHESS)

Jean-Pierre Bat
École nationale des chartes, Université PSL-Centre Jean-Mabillon

Christophe Bouvier
Chargé de projets scientifiques au département de la Justice et de l'Intérieur, Archives nationales

Émilie Charrier
Chargée d'études documentaires au département de la Justice et de l'Intérieur, Archives nationales

Bénédicte Fichet
Chargée d'études documentaires au département de l'Exécutif et du Législatif, Archives nationales

Emmanuelle Giry
Conservatrice au département de la Culture, de l'Éducation et des Affaires sociales, Archives nationales

Christian Hottin
Directeur des études à l'Institut national du patrimoine

Jean-Louis Jeannelle
Professeur de littérature française du XXe siècle à l'université de Rouen, membre du Centre d'études et de recherches Éditer/Interpréter (CEREDI)

Laurent Jeanpierre
Professeur de sciences politiques à l'université Paris 8-Saint-Denis

Emmanuelle Loyer
Professeure d'histoire contemporaine à Sciences Po, Centre d'histoire de Sciences Po (CHSP)

Michelle Perrot
Professeure émérite d'histoire contemporaine à l'université Paris 7-Diderot

Annie Poinsot
Chargée d'études documentaires au département de la Justice et de l'Intérieur, Archives nationales

Yann Potin
Chargé d'études documentaires aux Archives nationales, maître de conférences associé à l'université Paris 13-Villetaneuse

Christophe Prochasson
Directeur d'études à l'École des hautes études en sciences sociales (EHESS)

Antoine Prost
Professeur émérite à l'université Paris 1-Panthéon-Sorbonne

Vivien Richard
Conservateur au département de l'Exécutif et du Législatif, Archives nationales

Franck Veyron
Conservateur à la Bibliothèque de documentation internationale contemporaine (BDIC)

Xavier Vigna
Professeur d'histoire contemporaine à l'université de Bourgogne

Michelle Zancarini-Fournel
Professeure émérite d'histoire contemporaine à l'université Claude-Bernard-Lyon 1

Grégory Zeigin
Secrétaire de documentation au département de la Justice et de l'Intérieur, Archives nationales

236 2646

SOMMAIRE

Convention d'édition :
Afin de respecter l'anonymat des personnes concernées, certaines informations ont été floutées.
Dans les transcriptions, l'orthographe et la typographie d'origine ont été respectées.

LE POUVOIR DES ARCHIVES

Par Philippe Artières et Emmanuelle Giry

Mai 1968 s'éloigne. Les témoins sont retraités pour les plus jeunes, décédés pour les plus âgés. Le macadam a recouvert les pavés, les arbres coupés au cours de la semaine de barricades sur les boulevards ont repoussé, les graffitis sont depuis bien longtemps effacés, les usines ont, pour beaucoup, fermé, devenues des friches ou des centres d'art contemporain, les ouvriers licenciés, l'activité délocalisée. Quant aux morts et aux blessés de 68, on les a oubliés. Les affiches sont désormais des objets de décorations d'appartements. Les principaux protagonistes ou ceux qui croyaient l'être ont publié leurs mémoires, beaucoup ont raconté leurs souvenirs, parfois plusieurs fois ; des centaines de livres ont paru ; des leaders étudiants, ouvriers, paysans, des gouvernants, des opposants et aussi d'innombrables anonymes ont ainsi inscrit « leur 68 ». Beaucoup de ces écrits sont à présent chez les bouquinistes ou les solderies, bradés.

Pourtant, 1968 résiste. Ces souvenirs, ces commémorations, ces remémorations ont ainsi participé à la fabrique d'une solide mémoire polymorphe de cet événement au point qu'elle est désormais indissociable de l'histoire de l'événement lui-même. « Le moment 68 », pour reprendre l'expression de Michelle Zancarini-Fournel, est devenu *l'événement*, celui qui introduit du discontinu, celui à partir duquel s'organise la mémoire de la seconde moitié du XXe siècle en France : on l'a vécu ou l'on est né après. Disons-le, nous avons baigné depuis dans un imaginaire dont la matrice fut ces semaines du printemps de la fin des années 1960. Il n'est pas exagéré de considérer que, comme quelques rares événements, pensons au Front populaire, il est de ceux dont l'écho continue à se faire entendre, de ceux sur lequel tout le monde a un avis. Mai-juin 1968 s'est étendu jusqu'à notre présent. Les cinquante ans qui viennent de s'écouler ont été marqués par cette ombre portée, parfois lourdement, parfois de manière quasi folklorique. Des romans, des films, des séries télévisées en ont été le cadre ou l'objet. Il n'est pas une élection présidentielle qui ne s'y réfère pour le louer ou le repousser, pas un mouvement social que l'on ne mette en regard pour en jauger l'importance – des grandes grèves de 1995 contre le plan Juppé au plus récent « Nuit debout » ; 68 est le miroir dans lequel chacun des événements politiques et sociaux a l'obligation de se refléter. Il en est de même des individus : leur identité d'aujourd'hui est bien souvent assignée à ce qu'ils faisaient alors. Désormais, ce sont les enfants qui sont les dépositaires : « fils ou fille de militants ». Une mémoire « soixante-huitarde » positive ou négative s'est constituée, avec ses icônes, ses épisodes héroïques et joyeux, mais aussi ses contradictions, ses silences et ses drames, ses images écrans, ses dénis et, presque toujours, une indomptable nostalgie.

Un monument de papiers

Au cours de ces cinquante années, à l'occasion souvent des anniversaires de ce « moment » de contestation, des collectes d'archives ont été réalisées, à l'initiative des militants ou des scientifiques. Photographies, films, périodiques, tracts, affiches, banderoles ont été soigneusement archivés et inventoriés, certains numérisés ; chaque lutte est documentée, les biographies des militants rédigées, les fronts identifiés. Pendant tous ces jours du printemps 68, historiens, militants, collectionneurs ont mis de côté des écrits éphémères, enregistré des témoignages, rempli des boîtes de tracts, ouvert des dossiers. Il y eut bien chez certains, dans les années qui suivirent, une volonté de passer à autre chose, reste que l'accumulation est sans pareil depuis 1945. La guerre coloniale d'Algérie n'a pas produit un tel processus mémoriel en matière d'archives privées. Les traces de 68, y compris du côté des associations professionnelles des forces de l'ordre, forment ainsi un colossal *monument* de papiers qui occupe de nombreux rayonnages des services d'archives, des bibliothèques municipales et universitaires ou de centres de documentation d'histoire sociale en France et à l'étranger.

Avec ce monument de papiers, la discipline historique qui a beaucoup participé dans un premier temps à son édification par des collectes de documents – pensons à l'équipe de la revue *Le Mouvement social* ou à l'association Mémoires de 68 – a investi l'étude des « années 68 » ; dès 1988, elle a produit collectivement un savoir solide permettant une appréhension « polyphonique » de cette période de notre histoire contemporaine. Ces recherches qui ont mobilisé plusieurs générations de chercheurs ont donné quatre importants résultats.

Le déplacement du regard

D'abord, le caractère mondial de 68 est rapidement apparu ; la France ne fut pas le seul pays à vivre une telle contestation de l'autorité. Elle n'en fut qu'un des lieux. À l'Est, à Prague bien sûr, mais aussi à Varsovie, au Sud, au Mexique, au Sénégal, au Brésil et, bien sûr, dans nombre de pays occidentaux, à commencer par les États-Unis, l'Italie et l'Allemagne, 68 fut une année de « soulèvement » ; on peut considérer qu'il s'agit d'un événement mondial qui dépasse largement les histoires « nationales » si tant est qu'elles existent. De ce décentrage découle l'observation d'un ensemble de pratiques et, en particulier, les transferts de savoir en matière de pratiques contestataires qui varient selon les traditions des groupes sociaux et des pays.

D'autre part, s'agissant de la France, les travaux d'historiens et de chercheurs en sciences sociales ont montré, grâce au dépouillement de nombreux fonds d'archives dans les départements, que Paris et sa banlieue n'avaient pas été le centre de ce mouvement ; il fut certes le plus médiatisé, mais il y eut d'innombrables luttes locales que notre vision centraliste de l'histoire a longtemps occultées. La montagne Sainte-Geneviève et sa Sorbonne ont caché les grévistes des usines de Saint-Nazaire, comme les mobilisations des paysans du Massif central. Ce déplacement du regard a aussi mis en évidence l'importance de « l'insubordination ouvrière » montrée par Xavier Vigna et négligée par beaucoup durant les vingt premières années de recherche au profit de la commune étudiante. Certes la jeunesse lycéenne et universitaire s'insurgea contre le pouvoir, mais elle ne fut pas seule : des femmes et des hommes, jeunes ou plus âgés, français et travailleurs immigrés, menèrent des semaines de grève, paralysant l'économie au prix de leur propre salaire. Le front des luttes fut multiple et la cour de la Sorbonne ne fut qu'un des lieux de 68, contrairement à l'album-souvenir que l'on ressort de la commode tous les dix ans. Les cours d'usines, les corridors des bureaux, les grands magasins furent massivement occupés.

Enfin, ces études historiennes ont entièrement remis en cause la chronologie. « Mai 68 » n'existe pas ; dans une approche de temps court, l'épicentre se situe entre les premiers mouvements de janvier dans les résidences universitaires, à Antony par exemple, pour protester contre le règlement intérieur, et les résultats des législatives de juin, marquant la victoire des partis de droite (Union pour la défense de la République, Républicains indépendants). Pour beaucoup de chercheurs, cette période de quelques mois ne permet pas une intelligibilité du phénomène : elle doit être replacée dans un « moment » plus vaste, celui des « années 68 », qui court de 1962 à 1981, de l'indépendance algérienne à l'élection à la présidence de la République du candidat de l'Union de la gauche, François Mitterrand.

De l'autre côté des barricades

Aujourd'hui, l'événement s'éloigne, mais d'« autres archives » s'ouvrent progressivement. Parmi celles du pouvoir en place, sont désormais accessibles les archives auxquelles le Code du patrimoine attribue la libre communicabilité après un délai de cinquante ans écoulés. Sont concernés « les documents dont la communication ne porte pas atteinte au secret de la défense nationale, aux intérêts fondamentaux de l'État dans la conduite de la politique extérieure, à la sûreté de l'État, à la sécurité publique, à la sécurité des personnes ou à la protection de la vie privée ».

Étrange processus imposé par la loi que ce dévoilement retardé d'une autre couche de sédiments de ces années 68. Non que ces archives de l'autre côté de la barricade, que ces traces de la manière dont l'autorité appréhenda l'événement viennent contredire ou infirmer ce qui a été écrit par les témoins, les acteurs ou les historiens. Mais, sans elles, le monument de papiers n'a pas de dos.

Les archives du pouvoir sont l'autre mémoire de l'événement. Celles-là sont tout aussi considérables en termes de masse, peut-être même plus importantes encore, tant les événements imposèrent à tous les services de l'État de se mobiliser ; il n'est pas un ministère, un secrétariat d'État qui ne fut sur la brèche. En outre, les grèves dans la fonction publique et au sein même des administrations gouvernantes ne furent pas anecdotiques. Cette autre mémoire de 68 est par conséquent plurielle ; elle n'a pas une seule voix. Il y a bien sûr celle du général de Gaulle et de ses proches collaborateurs, celle de Georges Pompidou, son Premier ministre. Mais ce qui frappe à l'ouverture des liasses est l'extraordinaire foisonnement de ces archives : des multiples manières de documenter ce qui est en train de se passer aux processus de prise de décision en passant par l'élaboration des stratégies de riposte répressives ou démocratiques. Ces centaines de mètres linéaires permettent de prendre la mesure en creux de ce que fut la contestation par les actes politiques qu'elle exigea en retour. D'aucuns s'étonneront que ces archives ne sont que minoritairement des documents de police, non parce que les forces de l'ordre ne jouèrent pas un rôle, mais parce qu'il ne s'agit que de l'une des formes de l'action publique, que l'on pourrait au regard des autres considérer comme minoritaire. Bien sûr, il y eut une réaffirmation de l'autorité qui passa par la force, trois manifestants furent tués, mais les archives permettent de découvrir la gamme très large des gestes de la reprise en main. En entrant dans ces écrits, les appareils d'État de la Ve République se révèlent dans leur remarquable efficacité.

La conception du pouvoir que le philosophe Michel Foucault imagina dans ces mêmes années permet, pensons-nous, de prendre la mesure de l'intérêt de ces archives : le pouvoir ne fait pas qu'interdire, réprimer, empêcher, il produit. Grâce aux documents émanant de cabinets ministériels ou aux notes de réunions, par exemple, on peut pour la première fois évaluer le degré de la crise que traversa l'État, comprendre ce que 68 fit à l'État, mais aussi ce qu'il ne lui fit pas. On y voit comment un gouvernement réagit à une grève générale, comment il s'efforce de fonctionner en dépit de cette situation, ce qu'il invente. Ces archives ne contiennent donc que peu de secrets, mais lèvent des malentendus. La possibilité qui aujourd'hui, cinquante ans après, nous est offerte de les lire ensemble permet d'examiner chacun de ces mystères et de proposer de possibles réponses. Il ne s'agit pas de minorer la contestation et la fragilisation du pouvoir, seulement de les éclairer par son œil ; cette mémoire a fait elle aussi l'objet d'une construction. Ce que le pouvoir a laissé de ce moment est le résultat d'un tri, opéré non par les archivistes mais par les gouvernants eux-mêmes. L'acte d'archivage a participé de la politique de reprise en main et de la pérennisation du pouvoir.

Un essai d'histoire critique

Le présent volume ne donne pas à lire « la » vérité sur 68 : il déplie les archives du pouvoir, comme on découvre au fur et à mesure de la bataille la carte des opérations qui donne à voir les hypothèses envisagées, celles écartées, celles décidées mais non réalisées… Avouons-le, le plus spectaculaire dans ces centaines de cartons, c'est la continuité des services de l'État dont elles témoignent, même lorsque son chef quitte temporairement le pays – d'abord pour la Roumanie en voyage officiel, puis pour Baden-Baden quelques heures durant. Il n'appartient pas à l'historien de juger des décisions prises. Qu'il s'agisse des outils d'information sur la situation dans chaque usine ou chaque université, des plans mis en place ou de la stratégie électorale, force est de constater qu'alors que le pays est à l'arrêt, l'État continue à fonctionner : il travaille, produit une série de ce que nous avons désigné comme des gestes. Il y a bien sûr les gestes de réprimer, de s'affirmer ou encore de s'informer, de réformer. Fascinante est aussi la capacité de saisie de documents qui est à l'œuvre après l'interdiction, par le décret du 12 juin 1968, des principales organisations politiques d'extrême gauche. Il est rare d'être en mesure de suivre avec autant d'éléments et quasiment minute par minute des décisions. Ces archives nous font entrer dans le cœur du pouvoir et au-dessus de l'épaule de ses acteurs. Aussi, cet ouvrage peut-il aussi être lu comme un essai d'histoire critique, en ce sens qu'il déconstruit l'art de gouverner au cours du second XXe siècle.

CHRONOLOGIE

En rouge les dates liées au pouvoir et au contexte international **En noir** les contestations

1967

12 MARS
Second tour des élections législatives. L'Union des républicains de progrès (gaulliste) n'obtient que 244 sièges sur 487

5 AVRIL
Nomination du gouvernement Pompidou IV

5-10 JUIN
Proche-Orient : guerre des Six Jours (Israël-Égypte)

1968

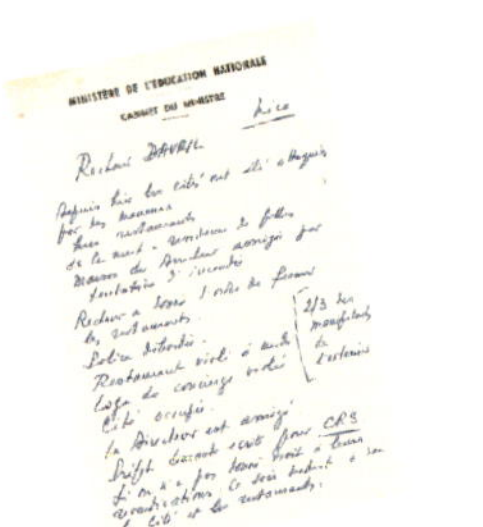
MINISTÈRE DE L'ÉDUCATION NATIONALE
CABINET DU MINISTRE

MARS
Tchécoslovaquie : début du « Printemps de Prague »

Rome : affrontements de Valle Giulia entre étudiants et policiers

11 AVRIL
Berlin : attentat contre Rudi Dutschke, chef de file de l'organisation étudiante *Socialistischer Deutscher Studentenbund* (SDS)

13-14 FÉVRIER
Manifestations étudiantes à Nice, Montpellier, Angers, Strasbourg… à la suite de la réforme des règlements intérieurs des Crous (Centres régionaux des œuvres universitaires et scolaires)
PAGES 34-39

22 MARS
Nanterre : les étudiants occupent l'université
Naissance du Mouvement du 22 mars

2 MAI
Convocation pour le 6 mai de huit étudiants devant le conseil de discipline de l'université de Paris pour les événements du 22 mars

Départ de Georges Pompidou pour l'Iran et l'Afghanistan

Nanterre : le Mouvement du 22 mars annonce une journée anti-impérialiste. Fermeture du campus par le doyen Grappin
PAGES 40-41

Nantes : Début de la grève à Sud-Aviation à Bouguenais, suivie de l'occupation de l'usine à partir du 14 mai
PAGES 46-49

3 MAI
À la demande du recteur Roche, fermeture de la Sorbonne et intervention de la police (596 interpellations, 27 gardes à vue)

Paris : à la Sorbonne, meeting de soutien aux étudiants de Nanterre organisé par l'Unef, la FER, la JCR
PAGES 42-43

4-5 MAI
Condamnations des manifestants arrêtés la veille

Paris : appel à la grève du Snesup (syndicat enseignant)

6 MAI
Comparution devant le conseil de discipline de l'université de Paris des huit étudiants de Nanterre

Paris : manifestation à Denfert-Rochereau (15 000 personnes, 80 arrestations)

Affrontements nocturnes à Saint-Germain-des-Prés (422 arrestations)

Appel à la grève des CAL (Comités d'action lycéens)

Strasbourg : manifestation à la faculté de lettres

Toulouse : rassemblement intersyndical au palais des Sports

7 MAI

Paris : manifestation de Denfert-Rochereau à la place de l'Étoile

Premier numéro d'*Action*, journal des CAL (35 000 exemplaires)

Constitution d'un Comité de journalistes contre la répression

Georges Séguy (CGT) dénonce les « gauchistes ».

8 MAI

De Gaulle affirme la nécessité du maintien de l'ordre. Le gouvernement annonce la réouverture de la Sorbonne (annulée le 9)

Assemblée nationale : modification de l'ordre du jour pour évoquer les troubles

Toulouse : grève ouvrière et manifestation (4 000 personnes)

Pays de la Loire et Bretagne : manifestation « L'Ouest veut vivre »

9 MAI

Rencontre Unef-CGT-CFDT en vue d'une manifestation commune le 14 mai

Strasbourg : proclamation de l'autonomie de l'université

Rennes : occupation de l'université

10 MAI

Nanterre : réouverture de la faculté

Paris : « Nuit des barricades » au Quartier latin (367 blessés, 460 arrestations)

Strasbourg : occupation de la faculté de lettres

11 MAI

Pompidou annonce la réouverture de la Sorbonne et la libération des étudiants arrêtés. Création des CDR (Comité de défense de la République)

Appel intersyndical à la grève générale pour le 13 mai. Près de 10 millions de travailleurs cessent le travail dans les jours et semaines suivants

Marseille : occupation de la faculté des sciences

Paris : « Mouvement du 11 mai » à la faculté des sciences de Censier, occupée le lendemain

13 MAI

Paris : ouverture des négociations sur la paix au Vietnam

Grève générale et manifestations dans tout le pays (1 million de personnes)

Paris : occupation de la Sorbonne

14 MAI

Assemblée nationale : dépôt d'une motion de censure par François Mitterrand et Waldeck Rochet. Georges Pompidou annonce une allocution présidentielle pour le 24 mai

ORTF : suppression du journal télévisé de 23 heures

Départ de De Gaulle pour la Roumanie

PAGES 64-66

Journée de grève interprofessionnelle

Paris : occupation de l'École nationale des beaux-arts et de la faculté de médecine

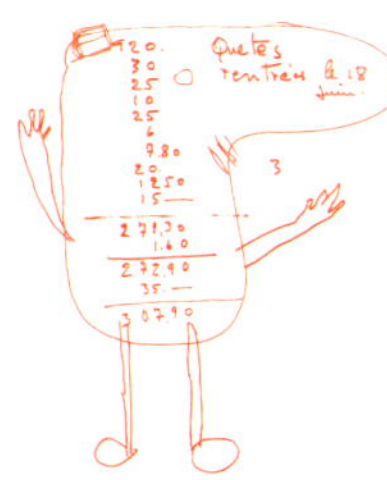

15 MAI

Occupation de l'usine Renault-Cléon (Seine-Maritime)

Paris : occupation du théâtre de l'Odéon

16 MAI
Occupation de Renault-Billancourt (Hauts-de-Seine) et Renault-Flins (Yvelines). Début des grèves à la SNCF

17 MAI
Grèves des techniciens de l'ORTF

Grèves étendues au secteur public (SNCF, navigation aérienne)
Pages 56-59

18 MAI
De retour de Roumanie, de Gaulle dénonce la « chienlit »
Pages 74-79

19 MAI
Cannes : interruption du Festival à la demande unanime du jury

20 MAI
Doubs : occupation de Peugeot-Sochaux

Les syndicats appellent à la grève illimitée à partir du 22 mai. Paralysie du pays
Pages 90-107

21 MAI
Assemblée nationale : début du débat sur la motion de censure du 14 mai

Paris : occupation de la Société des gens de lettres, de l'Ordre des médecins

Rhône : début des Assises théâtrales de Villeurbanne

22 MAI
Assemblée nationale : échec de la motion de censure (233 voix contre 244 requises)
Pages 110-115

23 MAI
Assemblée nationale : vote de la loi n° 68-457 portant amnistie pour les faits survenus entre le 1er février et le 15 mai, relatifs aux événements de l'Université

Antilles : manifestation à Fort-de-France, appel à la grève générale

24 MAI
De Gaulle annonce un référendum sur la « participation », Pompidou l'ouverture de négociations avec les partenaires sociaux

Paris : Deuxième « nuit des barricades ». Incendie de la Bourse. Attaques de plusieurs commissariats de police

Lyon : mort du commissaire Lacroix

Grèves paysannes (200 000 personnes)

25 MAI
Début des négociations de Grenelle entre syndicats, patronat et gouvernement
Pages 116-118

ORTF : grève des journalistes de télévision

26 MAI
ORTF : l'intersyndicale décide de ne diffuser qu'un journal télévisé à 10 heures, assuré par les non-grévistes, mais n'en assure pas l'impartialité

27 MAI
Fin des négociations de Grenelle à 7 h 30. Les projets de protocoles sont rejetés par les ouvriers de Renault-Billancourt

Paris : meeting au stade Charléty organisé par l'Unef, en présence de Pierre Mendès France

28 MAI
François Mitterrand propose de former un gouvernement provisoire de gestion

Débuts des négociations dans la fonction publique

Démission d'Alain Peyrefitte, ministre de l'Éducation nationale

29 MAI

Le conseil des ministres est ajourné. Départ secret de De Gaulle pour Baden-Baden (RFA)

PAGES 128-129

Appel de la CFDT à Pierre Mendès France pour sortir de la « crise du régime »

30 MAI

De Gaulle annonce à 16 h 30 la dissolution de l'Assemblée nationale. Manifestation de soutien sur les Champs-Élysées

PAGES 130-137

31 MAI

Évacuation des piquets de grève devant les dépôts pétroliers et escorte des camions-citernes

Christian Fouchet est remplacé par Raymond Marcellin au ministère de l'Intérieur

1ER JUIN

Annonce télévisée du retour de l'essence

Le JT de 20 heures sur la première chaîne met en scène la reprise du travail

2 JUIN

Négociations d'Oudinot dans la fonction publique

PAGES 122-127

Début du dépôt des candidatures officielles pour les élections législatives

PAGES 140-147

3 JUIN

Paris : altercations entre habitants juifs et arabes à Belleville

Reprise du trafic SNCF et RATP

4 JUIN

ORTF : la direction générale fait appel aux techniciens de l'armée

6 JUIN

Renault-Flins occupé par la police

6-11 JUIN

ORTF : Opération « Jéricho » : chaque jour une catégorie sociale défile autour de la « maison ronde » en solidarité avec les grévistes

7 JUIN

Décret sur l'aménagement des épreuves du baccalauréat

9 JUIN

Conférence de presse improvisée de Pompidou : « Au travail ! Ce doit être la devise de la France. »

10 JUIN

Ouverture de la campagne électorale pour les législatives

Mort du lycéen Gilles Tautin, venu soutenir les grévistes de Renault-Flins

PAGES 152-161

11 JUIN

Décret autorisant la Caisse nationale des marchés de l'État, des collectivités et des établissements publics à intervenir pour l'octroi d'avances exceptionnelles aux entreprises

Doubs : morts de Pierre Beylot et de Henri Blanchet, ouvriers de Peugeot-Sochaux, lors d'affrontements avec les CRS

Paris : nouvelle « nuit des barricades » (1 500 interpellations, 5 commissariats attaqués)

12 JUIN

Décret de dissolution d'organisations d'extrême gauche ; interdiction des manifestations durant la campagne électorale

PAGES 162-167

14 JUIN

Paris : évacuation du théâtre de l'Odéon

15 JUIN

Paris : enterrement politique de Gilles Tautin au cimetière des Batignolles

16 juin
Évacuation de la Sorbonne

17 juin
Le gouvernement mobilise les 140 millions de dollars dus par le Fonds monétaire pour la reprise du travail

18 juin
Grâce présidentielle du général Salan et de dix condamnés de l'OAS (Organisation de l'Armée secrète)

23 juin
Premier tour des élections législatives

27 juin
Suppression provisoire de l'épreuve écrite du baccalauréat

Paris : évacuation de l'École des beaux-arts par la police
Pages 172-183

30 juin
Deuxième tour des élections législatives. La droite obtient 358 sièges

Grenoble : Mendès France est battu de 122 voix par Jeanneney

5 juillet
Paris : évacuation de la faculté de médecine et de la faculté des sciences
Pages 184-190 et 208-217

10 juillet
Démission de Georges Pompidou ; gouvernement Couve de Murville (10 juillet 1968-20 juin 1969)

Reprise du travail à Renault-Billancourt

24 juin
Reprise du travail chez Citröen

13 juillet
Décrets de création de facultés de lettres à Amiens, Brest et Reims, d'une faculté de droit à Rouen, d'une faculté des sciences à Amiens et à Limoges

31 juillet
Loi d'amnistie pour les faits survenus en Algérie et les infractions individuelles commises par des résistants entre le 10 juin 1940 et le 1er janvier 1946

Loi sur les forclusions encourues du fait des événements de mai et juin 1968

31 juillet-2 août
Épuration à l'ORTF
Pages 260-267

12 novembre
« Loi Faure » sur la réforme de l'Université
Pages 254-259

5 décembre
Loi sur les sections syndicales d'entreprises

11 juillet-14 août
Avignon : incidents et tensions lors du Festival
Pages 230-237

1969

9 janvier
Décret sur le statut des CRS
Pages 268-270

23 janvier
Paris : occupation du rectorat par des étudiants
Pages 278-281

28 avril
Démission du général de Gaulle, après la victoire du « non » au référendum sur la « rénovation » du Sénat et la régionalisation

LES FIGURES DU POUVOIR

Charles de Gaulle, président de la République

Fonctions ministérielles	Gouvernement Pompidou IV 5 avril 1967-10 juillet 1968	Gouvernement Couve de Murville 10 juillet 1968-20 juin 1969
Premier ministre	Georges Pompidou	Maurice Couve de Murville
Affaires culturelles	André Malraux	André Malraux
Affaires étrangères	Maurice Couve de Murville 5 avril 1967-31 mai 1968 Michel Debré 31 mai-10 juillet 1968	Michel Debré
Affaires sociales	Jean-Marcel Jeanneney 5 avril 1967-31 mai 1968 Maurice Schumann 31 mai-10 juillet 1968	Maurice Schumann
Agriculture	Edgar Faure	Robert Boulin
Économie et Finances	Michel Debré 5 avril 1967-31 mai 1968 Maurice Couve de Murville 31 mai-10 juillet 1968	François-Xavier Ortoli
Éducation nationale	Alain Peyrefitte démissionnaire au 28 mai François-Xavier Ortoli 31 mai-10 juillet 1968	Edgar Faure
Équipement et Logement	François-Xavier Ortoli 29 avril 1967-31 mai 1968 Robert Galley 31 mai-10 juillet 1968	Albin Chalandon
Fonction publique	Edmond Michelet 5 avril 1967-31 mai 1968 Robert Boulin 31 mai-10 juillet 1968	Philippe Malaud Poste transformé en secrétaire d'État auprès du Premier ministre, chargé de la Fonction publique
Industrie	Olivier Guichard 5 avril 1967-31 mai 1968 Albin Chalandon 31 mai-10 juillet 1968	André Bettencourt
Information	Georges Gorse 5 avril 1967-31 mai 1968 Yves Guéna 31 mai-10 juillet 1968	Joël Le Theule Poste transformé en secrétaire d'État auprès du Premier ministre, chargé de l'Information
Intérieur	Christian Fouchet 5 avril 1967-31 mai 1968 Raymond Marcellin 31 mai-10 juillet 1968	Raymond Marcellin
Justice	Louis Joxe	René Capitant
Postes et Télécommunications	Yves Guéna 5 avril 1967-31 mai 1968 André Bettencourt 31 mai-10 juillet 1968	Yves Guéna
Transports	Jean Chamant	Jean Chamant

1.

FACE AUX

ÉVÉNE MENTS

Les événements auxquels le pouvoir est confronté en ce début d'année 1968 ne présupposent en rien de la crise à venir. La mobilisation étudiante n'est pas une nouveauté, les grèves et les manifestations ouvrières non plus. L'activité des services de l'État ne se trouve donc pas immédiatement paralysée par les événements du Quartier latin, loin s'en faut : les archives donnent, dans un premier moment, à lire la continuité du service public.

Pourtant, depuis la guerre d'Algérie et les débuts de la Ve République, le militantisme estudiantin et son principal syndicat, l'Unef, font l'objet d'une attention particulière des pouvoirs publics. Une attention d'autant plus forte que les effectifs scolaires et universitaires sont en augmentation constante, conséquence de la croissance démographique d'après-guerre. La défense de grandes causes internationales cristallise la mobilisation : l'Algérie, la Palestine et la guerre du Vietnam. Si les mots d'ordre politiques et sociaux (soutien à la cause des mineurs, solidarité avec les travailleurs immigrés) ne sont pas oubliés, la mobilisation possède ses propres revendications : les étudiants réclament des réformes portant sur l'organisation des études et sur les règlements intérieurs des cités universitaires ; ils occupent les locaux, comme à la résidence Jean-Zay d'Antony en 1965. La police est parfois appelée pour les déloger ; les contacts musclés avec les étudiants existent, ils font partie du jeu et les forces de l'ordre entrent dans les enceintes universitaires bien avant 1968. La contestation gagne les lycées avec, en décembre 1967, la création des premiers comités d'action lycéens (CAL).

La tension monte

Au soir du 1er mai 1968, personne dans le gouvernement ne peut encore imaginer la montée de fièvre que va connaître le printemps : le traditionnel défilé de la CGT a eu lieu sans heurts spécifiques, à l'exception d'une altercation entre le service d'ordre du syndicat et le « Mouvement du 22 mars », un groupuscule étudiant créé quelques mois plus tôt à Nanterre.

La tension grimpe rapidement lorsque, le 3 mai, les étudiants de la faculté de lettres de la Sorbonne apprennent qu'à Nanterre huit étudiants ont été convoqués devant le conseil de discipline de l'université de Paris le 6 mai suivant et que les cours ont été suspendus sur ordre du doyen Grappin. Immédiatement, une manifestation de soutien se tient dans la cour de Sorbonne. Devant la crainte de débordements, le recteur Roche fait évacuer l'enceinte par les forces de l'ordre, entraînant arrestations et gardes à vue. La réaction se durcit, les violences se multiplient, les étudiants s'indignent devant les peines de prison ferme prononcées contre six d'entre eux.

Si, lors de cette semaine-là, les autorités de l'Éducation nationale et des forces de l'ordre sont sur le pont, la marche générale de l'État n'est pas pour autant inquiétée par les « événements ». Cette appellation d'« événements » perdure longtemps dans l'administration qui ne sait pas comment dénommer cette contestation. L'autorité, à ses différents niveaux, hésite sur la marche à suivre, entre mesures d'ouverture (projet de réouverture de la Sorbonne le 8 mai) et intransigeance (veto mis par le gouvernement à cette décision le lendemain). Ce n'est qu'après la première « nuit des barricades », du 10 au 11 mai, et l'appel intersyndical à la grève générale du 13 mai, suivi de la première occupation d'usine le 14 mai à Nantes, que le gouvernement prend la mesure de la crise et que s'accélère le temps de la réaction.

Auparavant, les événements ne semblent pas avoir eu d'incidence sur le calendrier de l'État : Georges Pompidou est en déplacement en Iran et en Afghanistan du 2 au 11 mai ; le général de Gaulle a maintenu son voyage en Roumanie du 14 au 18 mai. Ce même 18 mai, le Premier ministre ne craint pas d'annoncer à l'Assemblée nationale que le général de Gaulle s'adressera le 24 mai à la nation : on n'est pas à dix jours près.

La simultanéité des luttes ouvrières et étudiantes à partir du 13 mai accélère le processus de crise et sa prise en considération par le pouvoir, d'autant que les partis politiques d'opposition prennent le relais de la contestation. Sous la houlette de François Mitterrand, une motion de censure du gouvernement est déposée le 14 mai et fustige « dix ans de pouvoir gaulliste », les violences policières et le refus de dialogue. De même que les formes de contestation se diversifient, de même l'objet de cette contestation devient pluriel. Ce n'est plus le seul système éducatif qui est mis en cause, mais la société, la famille, l'usine, le régime, l'autorité.

Les services de l'État se mobilisent

L'amnistie des étudiants arrêtés le 6 mai n'y suffit plus, la sortie des forces de l'ordre de la Sorbonne non plus : la machine est lancée.

Plusieurs services dépendant des rectorats, des préfectures, des ministères, participent à la reprise en main, qui sont autant de « gestes » qui s'articulent. Avant toute prise de décision, il s'agit d'assurer au plus vite le circuit d'une information la plus fiable possible et de la faire remonter jusqu'aux plus hauts niveaux de l'État. Si la comparution de huit étudiants devant un conseil de discipline de l'université de Paris a pu être une étincelle attisant un feu qui ne demandait qu'à s'allumer, c'est bien que rien ne doit être négligé. Mais la précision de l'information – qui passe par un travail de vérification des renseignements de personnes et de lieux – et sa rapidité ne peuvent signifier l'exhaustivité : il faut hiérarchiser, prioriser. Un travail de digestion assuré en partie par les membres du cabinet du Premier ministre. Toutes les éventualités sont prises en compte par ces acteurs de l'ombre.

CHAPITRE 1

S'informer

Le *Bottin administratif* recense tous les services de l'administration française et compte, pour l'année 1968, 1 091 pages. Cette somme suggère l'ampleur de l'appareil d'État et son pendant : les impératifs de circulation de l'information. Les archives témoignent des moyens techniques à disposition (téléphones, machines à écrire, téléscripteurs) et des procédures existantes. La vigilance du pouvoir vis-à-vis de l'agitation étudiante et des conflits sociaux au début du printemps 1968 se lit dans des documents dont la réalisation est très normée : rédaction codifiée et anonymisée des notes de renseignements destinées à circuler à plusieurs niveaux, fiches de conflits du travail pré-imprimées, synthèses quotidiennes envoyées par les préfectures au ministère de l'Intérieur. Cette normalisation vise une exploitation rapide des données : l'élaboration de chiffres fiables provenant de toute la France est un facteur décisif d'aide à la décision. Le déplacement de CRS ou d'unités de gendarmerie mobile peut en dépendre. Les archives donnent à voir un État qui prend progressivement la mesure de la contestation qu'il suscite. Un État qui assure sa propre information mais contrôle aussi celle dont il fait l'objet : Yves Guéna, ministre des Postes et Télécommunications, fait ainsi couper le 23 mai au soir les fréquences des radios périphériques (RTL, Europe 1, RMC) jusqu'au 30 mai.

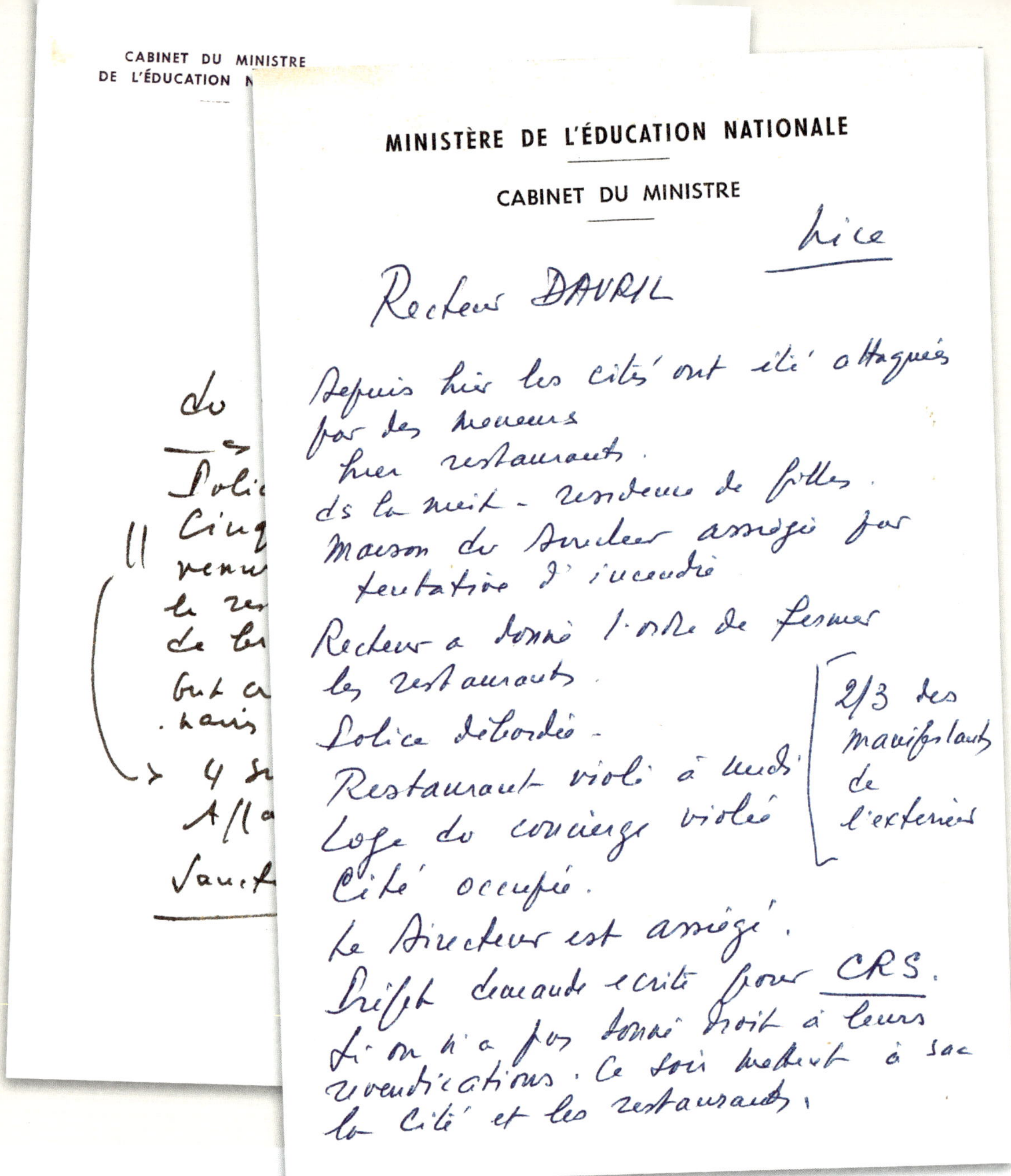

CABINET DU MINISTRE
DE L'ÉDUCATION N

MINISTÈRE DE L'ÉDUCATION NATIONALE

CABINET DU MINISTRE

Nice

Recteur DAVRIL

Depuis hier les cités ont été attaquées
par des meneurs
hier restaurants.
ds la nuit - résidence de filles.
Maison du directeur assiégé par
tentative d'incendie
Recteur a donné l'ordre de fermer
les restaurants.
Police débordée -
Restaurant violé à midi
Loge du concierge violée
Cité occupée.
Le Directeur est assiégé.
Préfet demande écrite pour CRS.
Si on n'a pas donné droit à leurs
revendications. Ce soir mettent à sac
la Cité et les restaurants.

2/3 des manifestants de l'extérieur

À partir des comptes rendus des recteurs, les conseillers du ministre de l'Éducation nationale, Alain Peyrefitte, rédigent des notes sur les agitations étudiantes des 13-14 février 1968.
Arch. nat., 20110361/4

« Depuis hier les cités
ont été attaquées par
des meneurs. [...]
Recteur a donné l'ordre de
fermer les restaurants.
Police débordée. [...]
Loge du concierge vidée. [...]
Le directeur est assiégé.
Préfet demande écrite
pour CRS. »

Note sur l'agitation à la faculté de Nice, 13 février 1968

13 février-3 mai 1968

Début de printemps à Nanterre

Par Émilie Charrier

Avant même les premiers jours de mai, Daniel Cohn-Bendit est bien connu des services de police. La note des services de Renseignements généraux de la préfecture de police de Paris (RGPP) en date du 13 février 1968 se situe à mi-temps des deux événements qui feront entrer Daniel Cohn-Bendit dans l'Histoire ou plus prosaïquement dans les archives de la police : le 8 janvier 1968, il apostrophe le ministre de la Jeunesse et des Sports lors de l'inauguration de la piscine de la faculté de Nanterre ; le 22 mars, il occupe avec ses camarades les bureaux de la même faculté en protestation de l'arrestation d'étudiants manifestant contre la guerre du Vietnam.

Depuis la rentrée universitaire de 1967, des policiers en civil de la préfecture de police de Paris fréquentent assidûment la faculté de Nanterre qui connaît des soubresauts réguliers en marge de la réforme de l'Université. La note fait référence à deux épisodes antérieurs : l'occupation du pavillon des filles en mars 1967 et les réactions aux mesures disciplinaires engagées contre Daniel Cohn-Bendit, orthographié Kohn-Bendit, en janvier 1968. Malgré l'annonce de nouvelles manifestations, le ton des policiers se veut rassurant voire conciliant. Une seule inquiétude filtre : la gestion de la crise estudiantine par les représentants de l'autorité. Les policiers craignent que « l'intervention

Note sur l'agitation à Nanterre, 13 février 1968

L'agitation à la faculté de Nanterre, ouverte en 1965, fait l'objet d'une note de renseignement de la préfecture de Paris, dont la compétence territoriale s'étend à cette zone. Transmise à la direction centrale des Renseignements généraux du ministère de l'Intérieur, elle est annotée au crayon rouge puis analysée.
Arch. nat., 19910194/1 (pp. 37 et 39)

PREFECTURE de POLICE   15 février 1968

Les étudiants de la résidence universitaire de Nanterre se proposent d'abroger le règlement intérieur en vigueur dès le 14 février, au soir et les responsables de l'association Fédérative des Groupes d'Études de Nanterre d'organiser une manifestation "contre la répression policière", le 15 février.

Conformément à l'action menée en ce sens par l'U.N.E.F. et la "Fédération des Résidences Universitaires de France" (F.R.U.F.), les étudiants de la résidence de Nanterre se proposaient "d'abroger le règlement intérieur" en vigueur actuellement, c'est-à-dire, de le considérer comme nul et d'enfreindre sciemment la plupart de ses dispositions, notamment toutes celles qui limitent le libre accès des garçons dans les pavillons des filles, ou inversement.

Néanmoins, ces derniers jours, il apparaissait que cette ardeur réformatrice allait se trouver pratiquement sans objet, le ministère de l'Éducation Nationale venant de faire connaître que le "Centre National des Oeuvres Universitaires" serait saisi, le 22 février, par M. le Ministre d'un projet de règlement beaucoup plus libéral.

En fait, après quelques hésitations, les résidents ne semblent pas décidés à attendre la publication des textes officiels et, dès le 14 février au soir, ils se proposent de circuler librement dans les bâtiments, voulant ainsi prouver qu'ils sont capables de s'organiser et d'adopter une certaine discipline, sans avoir à se soumettre à une règle. De toute façon, ils ne paraissent pas vouloir renouveler le geste de mars 1967, c'est-à-dire une véritable occupation du pavillon des filles.

.../

des forces de l'ordre, à l'appel de l'administration, ne vien[ne] brusquement raviver les passions ». Sur le terrain, leur simple présence provoque la colère des étudiants.

Chaque jour, la direction centrale des Renseignements généraux (DCRG) reçoit, place Beauvau, des centaines de notes comme celle-ci provenant de ses directions départementales et de la préfecture de police de Paris. Leur lecture s'accompagne d'annotations et d'enregistrements. Le travail d'analyse se poursuit par un classement rigoureux des informations. La note du 13 février sera jointe au dossier déjà constitué sur la « cité universitaire » comme en témoigne le « F » (pour « fait ») manuscrit en rouge. Un dossier de renseignements sur Daniel Cohn-Bendit ne sera ouvert qu'en avril 1968, au lendemain de son arrestation. S'appuyant sur ce travail de documentation, la DCRG produit ses propres notes, communément appelées « notes blanches » en raison de l'absence d'en-tête et de signature. Seul l'œil averti reconnaît la provenance à la mise en forme et à la police de caractères utilisées. Ces notes de synthèses ont vocation à informer le ministre de l'Intérieur et, à travers lui, le gouvernement de la situation politique et sociale du pays. Le 24 mai, la DCRG dresse un premier portrait du déjà très médiatique « enragé de Nanterre ». Pour la police, la personne de Cohn-Bendit cristallise deux facteurs essentiels de la crise de mai-juin : « anarchiste », il témoigne d'un Parti communiste dépassé par sa gauche, et « allemand », il incarne malgré lui des influences étrangères du mouvement et plus particulièrement de l'Union socialiste allemande des étudiants (SDS).

Ainsi va s'engager une épreuve de force entre les résidents et l'administration de la résidence. Les résultats de cet affrontement sont attendus avec intérêt par les responsables de l'Association Fédérative des Groupes d'Etudes de Nanterre (A.F.G.E.N.) qui, le 15 février, vers 12 heures ou 13 heures, ont l'intention d'organiser une manifestation "contre la répression policière". Ce dernier mouvement s'inscrit dans le cadre de la protestation engagée à la faculté de Nanterre au lendemain des incidents du 26 janvier dernier, eux-mêmes consécutifs à la procédure d'expulsion du territoire français, diligentée contre l'étudiant allemand, KOHN-BENDIT. Les modalités n'en sont pas encore arrêtées, mais il apparaît déjà que cette action pourrait prendre la forme d'un rassemblement devant les bâtiments administratifs de la faculté. Si les étudiants répondaient en nombre suffisant à cet appel, les organisateurs envisageraient éventuellement de bloquer les issues de ces bâtiments de manière à obliger le doyen à venir s'expliquer.

La tension des esprits n'atteint pas actuellement, à Nanterre le degré qu'elle avait fin janvier, d'autant que les représentants de certaines associations estudiantines cherchent à la tempérer car ils craignent les débordements d'éléments incontrôlés comme les anarchistes ou les étudiants du C.L.E.R.

Le déroulement de ces diverses démonstrations pourrait donc s'effectuer dans le calme si l'intervention des forces de l'ordre, à l'appel de l'administration, ne vient pas brusquement raviver les passions.

/

Cabinet du Ministre
de
l'Education Nationale

Paris, le
JEUDI 25 AVRIL 1968

A. LL

NOTE POUR LE MINISTRE

a. s. Nanterre

Entretien avec M. Didier GALLOT, Président de la corpo FNEF de Nanterre et un membre de son bureau M. Yves de KERAUTEN (celui qui a été blessé à la tête).

Climat à Nanterre :

L'administration, faute de moyens, se terre. Les murs sont couverts d'inscriptions contre la FNEF fasciste-nazi et de pages de l'"Humanité".

Les enragés utilisent tous les extincteurs des bâtiments pour tabasser les modérés .

Rapport avec les professeurs :

Ricoeur se fait injurier.

Merleau-Ponty se fait houspiller

Michaud laisse faire avec délectation.

De nombreux assistants , surtout en Lettres classiques, transforment leurs cours en débats de propagande révolutionnaire.

Les enragés se promènent ouvertement sous les yeux des professeurs dans la faculté, les bras chargés de pioches et d'extincteurs.

Les professeurs de sociologie sont ravis d'assister à ce socio-

Chr.R/J.D.

UNIVERSITÉ DE PARIS

FACULTÉ DES LETTRES ET SCIENCES HUMAINES

AVENUE DE LA RÉPUBLIQUE

92 - NANTERRE

TEL. : 204.34.32
204.29.87 à 29.91
204.39.87 à 39.91

Référence à rappeler

N° S 682934

CONFIDENTIEL

1

NANTERRE, LE 29 AVRIL 1968

LE DOYEN DE LA FACULTE DES LETTRES
ET SCIENCES HUMAINES DE NANTERRE,

à

Monsieur le RECTEUR de l'ACADEMIE de PARIS
Président du Conseil de l'Université
Enseignement Supérieur
47, rue des Ecoles - PARIS (5 ème).

J'ai l'honneur de vous demander de faire conparaître, dès que possible, devant le Conseil de l'Université, les étudiants dont les noms figurent sur les états ci-joints.

Les faits qui sont reprochés aux intéressés sont également précisés sur ces documents.

Pierre GRAPPIN.

D. Cohn Bendit
Y. Fleisch
R. Riesel
Mlle D. Schulmann
O Castro
P. Ploix
D. Pourny

Devant le conseil de discipline, 29 avril 1968

Le 22 mars 1968, le dernier étage du bâtiment de la faculté de Nanterre est occupé par des étudiants du « Mouvement 22 mars ». Une note de cabinet informe Alain Peyrefitte de la situation, dès le 25 avril (à gauche). Le 29, le doyen de la faculté demande au recteur de l'académie de Paris, dont il dépend, la convocation de huit d'entre eux, devant le conseil de discipline.
Arch. nat., 20110361/4 (p. 40) et 19920042/30 (p. 41)

UNIVERSITÉ
DE
PARIS

7 MAI 1968

Le Recteur de l'Académie de Paris,
Président du Conseil de l'Université

VU l'article 40 du décret du 21 juillet 1897;

VU l'avis de M. le Doyen de la Faculté des Sciences de l'Université de Paris à Paris;

VU l'avis de M. le Doyen de la Faculté des Lettres et Sciences humaines de l'Université de Paris à Paris;

Arrête :

Les cours, travaux pratiques et travaux dirigés sont suspendus à compter du 4 mai 1968 dans les bâtiments de la Sorbonne et à l'annexe "Censier" de la Faculté des Lettres et Sciences humaines.

S.G. 89. — Paris, I.A.C.

Fait à Paris, le 3 mai 1968

Jean ROCHE

Arrêté de suspension des cours à la Sorbonne et à Censier, 3 mai 1968

Le 2 mai, le doyen Pierre Grappin fait fermer la faculté de Nanterre. Le lendemain, les étudiants se rendent à la Sorbonne, organisent un meeting de soutien à leurs camarades convoqués devant le conseil de discipline. Pour éviter les débordements, le recteur Jean Roche fait évacuer les manifestants par la police. On compte 596 interpellations et 27 gardes à vue.
Arch. nat., 20020476/301

UNIVERSITÉ DE PARIS
FACULTE DES LETTRES

Dans la nuit du 10 au 11 mai, étudiants, ouvriers et CRS s'affrontent pour la première fois dans de véritables combats de rues. C'est la première nuit des barricades.

30 avril-14 mai 1968

Sud-Aviation, du conflit à la grève

Par Xavier Vigna

Depuis la légalisation de la grève en 1864, les services de l'État s'attachent à compter et à cerner chaque conflit social. C'est pourquoi, l'inspection du travail renseigne des fiches de conflit qui sont ensuite centralisées à la division de la statistique du ministère des Affaires sociales. Parmi les usines affectées par de tels conflits dès le début du mois de mai 1968 figure Sud-Aviation à Bouguenais, dans la banlieue nantaise. L'entreprise de construction aéronautique, nationalisée par le Front populaire, est rattachée à Sud-Aviation depuis 1957, et dirigée par l'ancien préfet de police de Paris, Maurice Papon.

Depuis le 2 mai, selon les fiches fournies au ministère, plus de la moitié des 2 550 salariés est mobilisée sur les tarifs horaires, l'embauchage et le licenciement. En réalité, les ouvriers, souvent hautement qualifiés, protestent depuis février contre une réduction d'horaires sans compensation intégrale de salaire et la mise en pré-retraite des travailleurs âgés de plus de 60 ans. À l'instigation des organisations syndicales CGT, CFDT et surtout de la section horaire FO, dirigée par

Fiches de conflits du travail pour l'usine Sud-Aviation entre le 30 avril et le 14 mai

Les conflits du travail font l'objet de statistiques dont témoignent ces fiches centralisées par la division statistique du ministère du Travail. À partir du 13 mai 1968, avec l'étendue des grèves, l'administration est débordée. Une note du 16 octobre 1968 du ministère des Affaires sociales remarque : « L'ampleur du mouvement revendicatif a complètement désorganisé l'appareil statistique [...] qui avait pour fonction de tenir en permanence à jour l'indicateur de tension sociale que constitue la statistique des conflits du travail ».
Arch. nat., 19760122/65 (pp. 47 et 49)

20 b

MINISTERE des AFFAIRES SOCIALES

DIRECTION GENERALE du TRAVAIL et de L'EMPLOI

DIVISION DE LA STATISTIQUE

CONFLITS du TRAVAIL

DEPARTEMENT

ACTIVITE TOUCHEE PAR LE CONFLIT
SUD AVIATION Gr 27

COMMUNE BOUGUENAIS

NOMBRE D'ETABLISSEMENTS TOUCHES (les succursales seront comptées chacune pour un établissement) : 1

DUREE DU CONFLIT :

Le travail a cessé le 30 avril à 9 heures 45

Le travail a repris le 2 mai à 7 heures 10

NOMBRE D'HEURES-OUVRIER PERDUES : (dans le cas d'un conflit chevauchant sur 2 ou plusieurs mois, répartir ces heures-ouvrier sur les mois en cause). 5 700

EFFECTIF :
- du ou des établissements intéressés : 2 550
- ayant cessé le travail (dans le cas ou cet effectif a varié, indiquer le plus élevé.) :

ORIGINE OU MOTIF PRINCIPAL DU CONFLIT (1) :

1 - Salaires :
- a - ~~Tarifs horaires~~
- b - ~~Primes et additifs~~
- c - ~~Mode de paiement~~
- d - ~~Reclassement~~
- e - ~~Réduction de la durée hebdomadaire du travail accompagnée d'une majoration des salaires horaires~~
- f - Divers (préciser au verso)

2 - ~~Questions syndicales~~
3 - ~~Aménagement des horaires de travail,~~
4 - ~~Autres conditions de travail~~
5 - Embauchage ou licenciement
6 - Conflit de solidarité
7 - Autres motifs (les préciser au verso)

LE CONFLIT S'EST TERMINE POUR LES SALARIES PAR (1)

~~XXXXXXXXXXXXXXXXXXXXXXXXXXXXXXX~~ (en cours)

OBSERVATIONS : (voir au verso).

(1) rayer les mentions inutiles.

le militant trotskiste Yves Rocton, ils débrayent tout en organisant des défilés dans les ateliers. Mieux, le 30 avril dans l'après-midi, alors que la direction se trouve sur l'aérodrome, les ouvriers exigent son retour à l'usine et obtiennent qu'une voiture de police dans laquelle le directeur monte, encadré de deux délégués, réintègre l'usine au pas, escortée par les ouvriers grévistes. Ce geste transgressif signale combien les ouvriers sont résolus à faire céder la direction.

Aucune fiche ne renseigne le 8 mai, journée de grève commune aux neuf départements de la Bretagne et des pays de la Loire autour du slogan : « L'Ouest veut vivre ». À Nantes, malgré une pluie battante, une manifestation imposante s'achève par l'attaque de la préfecture par quelques centaines de jeunes gens. Mais, dès le lendemain, le conflit dans l'usine reprend et s'étend : le 10 mai, les mensuels, c'est-à-dire les techniciens, débrayent à leur tour pendant trois heures.

Dès lors, le 14 mai, au lendemain de la journée interprofessionnelle de grève qui proteste contre la répression policière du mouvement étudiant et la politique gouvernementale à laquelle les salariés de Sud-Aviation participent, le débrayage conduit les ouvriers survoltés dans les bureaux. Le conflit franchit un seuil lorsque les grévistes votent l'occupation de l'usine, dont les portails sont immédiatement fermés pour empêcher toute sortie. Tout le personnel (sauf les femmes et les plus de 60 ans) est « consigné » à l'intérieur, y compris le directeur de l'usine Duvochel et ses collaborateurs. L'occupation accompagnée de cette séquestration, filmée par une équipe de l'ORTF présente sur place, donne le coup d'envoi d'une vague de grèves qui déferle sur le pays dans la semaine suivante.

Voir fiches 20 - 20 A. - 20 B. - 20 C.

MINISTERE des AFFAIRES SOCIALES

DIRECTION GENERALE du TRAVAIL et de L'EMPLOI

DIVISION DE LA STATISTIQUE

CONFLITS du TRAVAIL

DEPARTEMENT: Loire-Atlan[tique]

ACTIVITE TOUCHEE PAR LE CONFLIT
Gr. 27 SUD-AVIATION

COMMUNE BOUGUENAIS

NOMBRE D'ETABLISSEMENTS TOUCHES (les succursales seront comptées chacune pour un établissement) - I

DUREE DU CONFLIT :
Le travail a cessé le 2 mai à IO heures
Le travail a repris le 7 mai à I7 heures

NOMBRE D'HEURES-OUVRIER PERDUES (dans le cas d'un conflit chevauchant sur 2 ou plusieurs mois, répartir ces heures-ouvrier sur les mois en cause). I9.500

EFFECTIF :
- du ou des établissements intéressés 2.550
- ayant cessé le travail (dans le cas où cet effectif a varié, indiquer le plus élevé.) I.50[0]

ORIGINE OU MOTIF PRINCIPAL DU CONFLIT (1) :

1 - Salaires :
a - Tarifs horaires
b - Pr[…]XXXXXX
c - Mo[…]XXXX
d - Re[…]XXX
e - Ré[…]XXXXXXXX
f - Divers (préciser au verso)

2 - Q[…]XXXXXXXX
3 - A[…]XXXXXX
4 - XXXXXXXX
5 - Embauchage ou licenciem[ent]
6 - Co[…]XXXX
7 - Au[…]XXXX

LE CONFLIT S'EST TERMINE POUR LES SALARIES PAR (1) :
UXXXXXXXXXXXXXXXXXXXXXXXXX en cou[rs]

OBSERVATIONS : (voir au verso).

(1) rayer les mentions inutiles.

N° 20 F

MINISTERE des AFFAIRES SOCIALES

DIRECTION GENERALE du TRAVAIL et de L'EMPLOI

DIVISION DE LA STATISTIQUE

CONFLITS du TRAVAIL

DEPARTEMENT: 44

ACTIVITE TOUCHEE PAR LE CONFLIT Gr. 27
SUD-AVIATION

COMMUNE BOUGUENAIS

NOMBRE D'ETABLISSEMENTS TOUCHES (les succursales seront comptées chacune pour un établissement) - 1

DUREE DU CONFLIT :
Le travail a cessé le 14 Mai 1968 à ... heures
Le travail a repris l(n'a pas repris à ce jour) heures

NOMBRE D'HEURES-OUVRIER PERDUES (dans le cas d'un conflit chevauchant sur 2 ou plusieurs mois, répartir ces heures-ouvrier sur les mois en cause).

EFFECTIF :
- du ou des établissements intéressés 2550
- ayant cessé le travail (dans le cas où cet effectif …

[…] ou plusieurs mois, répartir ces heures-ouvrier sur les mois en cause).

EFFECTIF :
- du ou des établissements intéressés 2.550
- ayant cessé le travail (dans le cas où cet effectif a varié, indiquer le plus élevé.) I.500

ORIGINE OU MOTIF PRINCIPAL DU CONFLIT (1) :

1 - Salaires :
a - Tarifs horaires
XXXXXXXXXXXX
XXXXXXXXXXXXXX
f - Divers (préciser au verso)

XXXXXXXXXXXXXXX
XXXXXXXXXXXX
5 - Embauchage ou licen[ciement]
XXXXXXXXXXXXXX
XXXXXX

LE CONFLIT S'EST TERMINE POUR LES SALARIES PAR (1) :
XXXXXXXXXXXXXXXXXXXXXXXXXXXXX EN CO[URS]

OBSERVATIONS : (voir au verso).

(1) rayer les mentions inutiles.

N° 20 E.

MINISTERE des AFFAIRES SOCIALES

DIRECTION GENERALE du TRAVAIL et de L'EMPLOI

DIVISION DE LA STATISTIQUE

CONFLITS du TRAVAIL

DEPARTEMENT: Loire-Atlantique

ACTIVITE TOUCHEE PAR LE CONFLIT
Gr. 27 SUD-AVIATION

COMMUNE BOUGUENAIS

NOMBRE D'ETABLISSEMENTS TOUCHES (les succursales seront comptées chacune pour un établissement) - I

DUREE DU CONFLIT :
Le travail a cessé le IO mai à heures
horaires : 2 arrêts d'Ih
mensuels : I arrêt de 3h
Le travail a repris le ... à ... heures

NOMBRE D'HEURES-OUVRIER PERDUES (dans le cas d'un conflit chevauchant sur 2 ou plusieurs mois, répartir ces heures-ouvrier sur les mois en cause). I.400

EFFECTIF :
- du ou des établissements intéressés 2.550
- ayant cessé le travail (dans le cas où cet effectif a varié, indiquer le plus élevé.) I.500

ORIGINE OU MOTIF PRINCIPAL DU CONFLIT (1) :

1 - Salaires :
a - Tarifs horaires
b - XXXXXXXXXXXX
c - XXXXXXXXXX
d - XXXXXXXX
e - XXXXXXXXXXXXXXXX
f - Divers (préciser au verso)

2 - Questions XXXXXXXX
3 - XXXXXXXXXXXXX
4 - XXXXXXXXXXXX
5 - Embauchage ou licenciement
6 - XXXXXXXXXXXX
7 - XXXXXXXXXXXXXXXX

LE CONFLIT S'EST TERMINE POUR LES SALARIES PAR (1) :
XXXXXXXXXXXXXXXXXXXXXXXXXXXXX En cours.

OBSERVATIONS : (voir au verso).

(1) rayer les mentions inutiles.

À partir du 14 mai, les ouvriers de l'usine de Sud-Aviation sont en grève et occupent les locaux.

HAUT

GREVE GENERALE
DE 24H

La grève à Sud-Aviation au journal télévisé de 13 heures

L'occupation et la grève à Sud-Aviation se déroulent sous l'œil des caméras de l'ORTF. Des images filmées sont rapidement disponibles. Le JT du 16 mai 1968, qui retransmet l'événement, est présenté par Pierre Roubaud, qui fera partie, en mai et juin 1968, des journalistes non grévistes de l'ORTF.
INA, CAF89001306

Les usines Renault en grève, 17 mai 1968

Le 16 mai, les ouvriers de Boulogne-Billancourt paralysent l'usine, sans préavis. Le 17, la CGT rallie le mouvement mais craignant, comme le gouvernement, un ralliement révolutionnaire entre ouvriers et étudiants, bloque l'entrée des étudiants. Le délégué CGT annonce les revendications : augmentation des salaires, réduction du temps de travail, système de pré-retraite, élargissement des libertés syndicales.
INA, CAF89027966

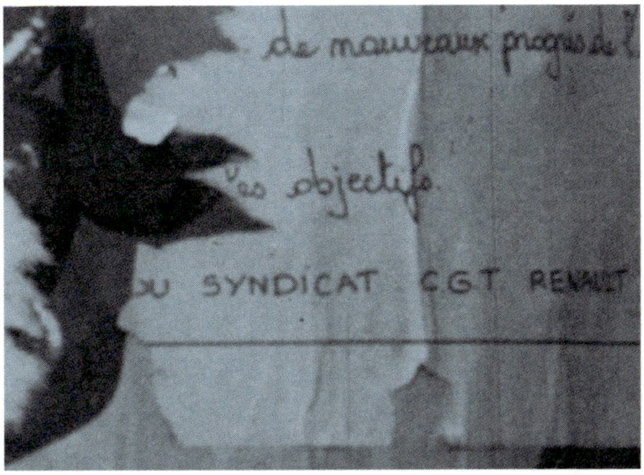
de nouveaux progrès
objectifs
SYNDICAT C.G.T

RENAULT
régie nationale

17-18 mai 1968

Des informations journalières

Par Grégory Zeigin

À la suite à la journée interprofessionnelle de grève du 14 mai, qui se prolonge par l'occupation des locaux de Sud-Aviation à Bouguenais, la grève avec occupation est votée dans nombre d'usines, comme le 16 mai, aux usines Renault de Billancourt. Jour par jour, voire heure par heure, les préfets informent le ministère de l'Intérieur de la situation dans leurs départements.

Cette information circule entre les différents échelons par voie téléphonique ou télégraphique, et très souvent conjointement. Outre la direction de la Sûreté nationale, les interlocuteurs privilégiés des préfets à l'échelon central sont le chargé de mission au cabinet responsable des dossiers relatifs aux affaires politiques, dit « Cab. 7 », et la direction générale des Affaires politiques et de l'Administration territoriale (DG « APAT »), tous deux en charge du traitement de l'information politique à l'Intérieur. Les télégrammes, souvent brefs, sont envoyés très rapidement après le déroulement de l'événement : ainsi le vote de la grève à l'usine SNCF de Courbessac, dans le Gard, est annoncé moins de trente minutes après début de l'occupation. D'autres plus longs reviennent sur les événements de la journée.

Télex de la préfecture du Gard et des préfectures de région Champagne-Ardennes et Lorraine, 17-18 mai 1968

Les télex informent au jour le jour le ministère de l'Intérieur de l'avancée du mouvement social, du nombre de grévistes (1 200 aux Docks rémois, 700 dans les ateliers SNCF de Courbessac), des occupations de locaux et des négociations éventuelles. Ainsi des « discussions entre [la] direction et [les] syndicats sont actuellement en cours au siège de l'Union nationale interprofessionnelle de la Moselle ».

Arch. nat., 19800273/62 (pp. 57 et 59)

DIFFUSION
CAB - 1 - 2 - 3 - 4 - 5 - 6 - 7 - 8
SE
APAT – CE – CENT – HFD – TERNES – ESTAF –
SGP – SNCAB – REG – PER/MAT – RG – PJ – DST

LOC 49

31018

VCI OFF DE NIMES NR 822 LE 17/5/1968 A 17H54

PRIORITE ABSOLUE

PREFET GARD
A
MONSIEUR LE MINISTRE DE L INTERIEUR CABINET PARIS

NR 822 -
HONNEUR VOUS RENDRE COMPTE OUVRIERS ATELIERS SNCF DE COURBESSAC - SEPT CENTS PERSONNES ENVIRON - ONT DECIDE GREVO ILLIMITEE AVEC OCCUPATIONS DES LOCAUX QUI EST INTERVENUE A 17H30 - FIN

NNNNNN

BIEN XD EN PBL

QSL ???

17 MAI 18 02

La naissance du télex, dans les années 1930-1940, est facilitée par les progrès de la télégraphie. Cette dernière avait déjà permis, dès le Second Empire, mais surtout sous la IIIe République, l'organisation de circuits d'informations entre le ministère de l'Intérieur et son personnel en province. Bien que le réseau télex des PTT, inauguré en 1946 par le général de Gaulle, permette l'accroissement significatif du flux d'information par la suppression des opérateurs morse à la cadence d'envoi limitée, il faut attendre le milieu des années 1950 pour voir ce ministère l'adopter et mettre en place des circuits particuliers. Il est mis en œuvre par le service des transmissions de l'Intérieur (STI). Même si les liaisons par téléscripteurs entre les antennes départementales de ce service et l'échelon central ne sont pas sécurisées, elles permettent de transmettre à de multiples destinataires un volume important de messages, de manière relativement confidentielle et quasi instantanée. Une des conséquences de mai-juin 1968 est la mise en place, à partir de 1969, de liaisons chiffrées automatiques entre les antennes locales du STI et le ministère.

Les télégrammes journaliers reçus par le télex comportent deux types d'information que l'on retrouve en début et fin de message, et dans le corps du télégramme. Le premier donne des indications de transmission : date/heure, urgence du message, destinataires ; le second, les « NNNN », marque la fin de la transmission. Entre ces deux indications, le message même du rédacteur. Le papier des téléimprimeurs a la forme d'un rouleau de plusieurs plis (permettant de distribuer des copies à plusieurs destinataires), avec le sigle STI inscrit sur le côté.

CHALONS NR 1427

DIFFUSION
CAB - 1 - 2 - 3 - 4 - 5 - 6 - 7 - 8
SE
APAT — CL — CENT — HFD — TERNES — ESTAF —
SGP — SNCAS — RG — PJ — DST

17/5/68 18H15

31042

PREFET REGION CHAMPAGNE-ARDENNE-PREFET MARNE CABINET

A MINISTRE INTERIEUR -CABINET - PARIS

SITUATION SOCIALE DANS LA MARNE:

PRIMO: A REIMS :
DEPUIS 16H30 GREVE AVEC OCCUPATION DES ATELIERS AUX USINES ARTHUR MARTIN (810 OUVRIERS)
POURSUITE DE LA GREVE AUX ENTREPOTS DES DOCKS REMOIS (1.200 OUVRIERS) AVEC PIQUETS DE GREVE MAIS SANS OCCUPATION .

DECLENCHEMENT D UNE GREVE SANS OCCUPATION AUX COMPTOIRS FRANCAIS (677 OUVRIERS) .

SECUNDO: ON ENREGISTRE SIGNES PRECURSEURS DE MOUVEMENTS SEMBLABLES DANS D AUTRES ETABLISSEMENTS INDUSTRIELS DU DEPARTEMENT ESSENTIELLEMENT A REIMS -

SIGNE: JACQUES MILLOT

NNNNNNNN

VCI OFF DE METZ NR 5111 LE 17 MAI 68 A 19H30

PREFET REGION LORRAINE - PREFET MOSELLE - METZ

A MINISTRE INTERIEUR - CABINET - DIRECTION GENERALE AFFAIRES POLITIQUES ET ADMINISTRATION TERRITOIRE - DIRECTION GENERALE SURETE NATIONALE - PARIS

COMME SUITE A MES COMMUNICATIONS TELEPHONIQUES CE JOUR AVEC D G S N. VOUS INFORME QUE SITUATION SUR PLANS UNIVERSITAIRE ET SOCIAL A PEU EVOLUE AU COURS DE LA JOURNEE ET EST RESTEE CALME DANS L ENSEMBLE STB ETUDIANTS C L U ET C S U ONT POURSUIVI LEUR GREVE AVEC OCCUPATION DES LOCAUX STOP COURS ONT EU LIEU NORMALEMENT A L ECOLE NATIONALE D INGENIEURS ET A L INSTITUT UNIVERSITAIRE DE TECHNOLOGIE STOP MEETIN-G PREVU DANS COURANT APRES MIDI N A PAS EU LIEU STOP

GREVE DE LA FONDERIE D ARS SUR MOSELLE (EFFECTIF 220) CONTINUE AVEC OCCUPATION DE L USINE STOP REUNION ORGANISEE EN FIN D APRES MIDI S EST DEROULEE SANS AUCUN INCIDENT STOP RESPONSABLES DE LA C G T ONT INSISTE SUR APTITUDE DES OUVRIERS A GERER SEULS LES USINES MAIS AUSSI SUR NECESSITE D EVITER TOUT SABOTAGE STOP AUCUN DURCISSEMENT DES POSITIONS A L ISSUE CETTE REUNION STOP

USINE CLAAS DE WOIPPY (MATERIEL AGRICOLE - EFFECTIF 750) A ETE FERMEE CE MATIN PAR DIRECTION CRAIGNANT INCIDENTS ENTRE GREVISTES ET NON GREVISTES STOP DISCUSSIONS ENTRE DIRECTION ET SYNDICATS SONT ACTUELLEMENT EN COURS AU SIEGE DE L UNION PATRONALE INTERPROFESSIONNELLE DE LA MOSELLE STOP EN CAS D ECHEC, OCCUPATION DE L USINE DEMAIN N EST PAS EXCLUE STOP

A L USINE DES HAUTS FOURNEAUX REUNIS SAONE-ET-UCKANGE D'UCKANGE (SIDERURGIE - EFFECTIF 960) DEUX DELEGUES OCCUPENT DEPUIS FIN MATINEE CABINE DE CONTROLE D ALIMENTATION DES HAUTS FOURNEAUX ENTRAVANT AINSI PARTIELLEMENT MARCHE DE L USINE STOP LEURS EFFORTS DEPLOYES POUR ENTRAINER ENSEMBLE DES OUVRIERS A DEBRAYER SONT RESTES JUSQU A PRESENT SANS RESULTAT STOP

L UNION DEPARTEMENTALE C G T DOIT REUNIR DANS LA JOURNEE DE DEMAIN ENSEMBLE DE SES SECRETAIRES DE SYNDICAT POUR PROCEDER A ETUDE SITUATION STOP SITUATION GENERALE POURRAIT EVOLUER EN FONCTION CONCLUSIONS DE CETTE REUNION

--- F I N ---

BIEN LIRE 2 EME PARAGRAPHE : ONT INSISTE SUR APTITUDE DES OUVRIERS
......

EVE ILLIMITEE...CHEMINOTS
40 heures... NOS REVENDICATIONS.
NOS 40 heures

À partir du 17 mai, la grève s'étend à l'ensemble du service public et à la SNCF, paralysant l'activité du pays.

CHAPITRE 2

Assurer la permanence de l'État

C'est au président de la République en premier lieu que la Constitution de 1958 attribue la mission de viser à la permanence de l'État et de ses services : « [Il] veille au respect de la Constitution. Il assure, par son arbitrage, le fonctionnement régulier des pouvoirs publics ainsi que la continuité de l'État. » Quelle que soit l'actualité, le général de Gaulle en 1968 y est tenu. Les différents agendas et emplois du temps des personnes aux postes de pouvoir illustrent ce souci : les réunions spécifiques à la gestion de crise du printemps 68 côtoient les rendez-vous réguliers et les cérémonies officielles prévus de longue date. Le constat est semblable pour les élus : outre les débats sur la motion de censure et les questions au gouvernement, le calendrier des sessions de l'Assemblée nationale se maintient ; en dépit de la proximité des manifestations, notamment celle du 22 mai, le palais Bourbon n'est jamais évacué. Au cours des mois de mai et juin, les ordres du jour des Conseils des ministres, la production réglementaire restent émaillés de sujets dont la bonne marche n'est nullement entravée par l'actualité. Cette continuité est particulièrement visible dans le domaine des relations diplomatiques : le voyage du général de Gaulle en Roumanie, le 18 mai, invoquant le motif supérieur de la construction européenne à l'Est, en est un exemple.

14-25 mai 1968

Visites et voyages officiels

Par Jean-Pierre Bat

Le fait est célèbre : du 14 au 19 mai 1968, tandis que Mai 68 bat son plein, le général de Gaulle se rend dans la Roumanie de Ceausescu, où il tient, le 15, un discours sur le principe d'indépendance nationale, à l'Est comme à l'Ouest. Cet épisode est devenu l'image d'Épinal de l'incompréhension d'un monde qui change dans l'esprit du Général. Au contraire de Georges Pompidou qui, parti en Afghanistan le 2 mai et apprenant à Kaboul la tournure des événements le 10 mai, rentre rapidement pour reprendre les rênes de son gouvernement dès le 11 mai. En réalité, le chef de l'État a hésité à maintenir son voyage en Roumanie : dans une conception très protocolaire de l'ordre politique, il a finalement décidé de partir pour ne pas donner de signal de faiblesse à l'Europe et au monde. Rattrapé par la réalité des événements, il doit pourtant annuler son voyage en Inde, prévu pour le 4 juin.

Tout au long de la crise, la Présidence a cependant soin de maintenir un semblant d'activité diplomatique, tandis que le monde observe avec sidération les événements français. Faute de voyager à l'étranger ou de recevoir des visites officielles en France, de Gaulle pratique la diplomatie de la table, ultime vestige d'un monde ébranlé que veut continuer de pratiquer coûte que coûte le pouvoir. Assez symboliquement et alors que certains voient le souffle américain dans les événements de Mai 68, de Gaulle offre un déjeuner en l'honneur de James Maurice Gavin, ancien ambassadeur américain à Paris, en présence

Page précédente : en mai, réception du corps diplomatique chinois à l'Élysée.
Ci-contre : note préparatoire du voyage en Roumanie de De Gaulle, 10 mai 1968.
Arch. nat., AG/5(1)/156

Paris, le 10 mai 1968

N O T E

Objet : Fiche sur le départ du Général et de Madame de GAULLE en voyage officiel en Roumanie, le 14 mai 1968 .

Le mardi 14 mai, le Général et Madame de GAULLE quitteront le Palais de l'Élysée, à 07 h 35, pour se rendre à Orly où ils prendront l'avion à destination de Bucarest.

a) cortège officiel au départ du Palais de l'Elysée :

Voiture présidentielle : Monsieur le Général de GAULLE
Président de la République

Madame de GAULLE
Capitaine de Vaisseau FLOHIC

Voiture n° 2 : M. Bernard TRICOT
Madame Bernard TRICOT

Voiture n° 3 : M. Xavier de la CHEVALERIE
Général LALANDE

Voiture n° 4 : M. René de SAINT-LEGIER
M. Pierre-Louis BLANC
Lieutenant-Colonel DESGREES du LOU

Voiture n° 5 : M. STOLOJAN FILIPESCO
M. STURDZA

b) Horaire :

07 h 35 Départ du Palais de l'Elysée .

Le Poste de Garde rend les honneurs .

07 h 50 Arrivée à ORLY

Honneurs Militaires - Drapeau - Musique.

07 h 55 Départ de l'avion présidentiel (portes fermées) .

12 h 00 (heure roumaine, soit 11 heures à Paris)
Arrivée à BUCAREST (portes ouvertes) .

Une note du Service de Sécurité de la Présidence de la République sera adressée à chacun des passagers pour leur faire connaître le lieu et l'heure du dépôt des bagages.

de Woodruff Wallnern, chargé d'affaires américain, le 22 mai 1968. Côté soviétique, s'il n'existe pas de contact officiel durant la crise, force est de constater qu'une insurrection communiste en France, tant redoutée, n'est plus à l'ordre du jour : le fantôme du Kominform est bel et bien mort dans les relations franco-soviétiques.

C'est en réalité du côté de l'Afrique, avec l'infatigable Jacques Foccart, que le lien reste le plus étroit et sans doute le plus méconnu : tout au long de la crise, le général de Gaulle s'efforce de suivre avec son conseiller la situation géopolitique africaine. Outre les déjeuners avec le président ivoirien Houphouët-Boigny (27 mars), le général président togolais Eyadéma (10 mai) ou le président camerounais Ahmadou Ahidjo (4 juillet), c'est de Bangui que vient le signal le plus fort – et le plus grotesque. Le général Bokassa a décidé « d'apporter son réconfort personnel au général de Gaulle » et annonce à l'ambassade de France, qui ne parvient pas à le calmer, qu'il compte rejoindre Paris *via* Bruxelles par le premier vol de ligne, le 31 mai. Pour Bokassa, ancien soldat de la Coloniale, son devoir est de se tenir aux côtés du Général ; il espère que les autres présidents africains adresseront des messages en ce sens. Seuls le discours de De Gaulle et la manifestation du 30 mai rassurent Bokassa, qui considère que sa présence n'est plus nécessaire à Paris. Enfin, les relations franco-africaines sont malgré elles rehaussées par l'éclatement d'un Mai 68 au Sénégal. À Paris comme à Dakar, la diplomatie s'avère dépassée.

Le président ivoirien Houphouët-Boigny à Paris, 27 mars 1968.

20-26 mai 1968

Les agendas du Général

Par Emmanuelle Giry

Lorsque le général de Gaulle rentre de Roumanie, le 18 mai, son emploi du temps pour la semaine à venir est déjà bien rempli. Au sein de l'administration de l'Élysée, c'est le cabinet du Président qui a la charge des relations du chef de l'État « avec la nation » : ce sont ses services, et non ceux du secrétariat particulier, qui portent la lourde responsabilité de l'établissement et du suivi de l'emploi du temps présidentiel, inscrit dans les agendas annuels (semainiers), agendas semestriels, fiches journalières. Tenus au crayon de papier afin d'être facilement mis à jour, ils ne comportent que les mentions d'événements extraordinaires ; dans la partie « notes » sont inscrites les qualités des personnalités non familières. Les rencontres quotidiennes avec chaque responsable des « quatre grands » services de la présidence (Xavier de La Chevalerie pour le cabinet, le général André Lalande pour l'état-major particulier, Bernard Tricot pour le secrétariat général et Jacques Foccart pour le secrétariat général des Affaires africaines et malgaches et de la Communauté) ne sont pas expressément détaillées, mais regroupées sous la sibylline mention « Maison ».

L'agenda du 20 au 26 mai 1968 est révélateur du quotidien et des préoccupations du Président. S'il porte les traces de la situation intérieure, ce n'est pas ce qui s'y lit de prime abord. Les événements qui agitent le pays ne bousculent pas l'organisation de la semaine : une

Semainier du général de Gaulle, 20-26 mai 1968

Les Archives nationales possèdent une collection complète des agendas annuels de 1958 à 1969. La semaine du 20 au 26 mai 1968 témoigne de la continuité de l'État : l'emploi du temps du Président n'est pas bouleversé par les événements et les grands rendez-vous internationaux sont maintenus.
Arch. nat., AG/5(1)/1468 (pp. 69 et 71)

LUNDI 20	MARDI 21	MERCREDI 22	JEUDI 23
Rogations	Ste Gisèle	St Émile	Ascension
			ET
8	8	8	
9	9	9	
10	10	10	Conseil des ministres
11	11	11	F
	HARRIMAN (interprète - Andronikof)		
12	12 Conseil des ministres	12	messe ?
12.15 G. Pompidou			É
13	13	13	
	15 Déj appartement Mme Pacheco-Areco	15 Déj. Gal et Mme GAVIN (appartement)	
14	14	14	R
15	15	15 BT - D de V	
16	16	16 SM Hussein Roi de Jordanie (Andronikof)	I
	XUAN THUY		
17	17	17	É
18 Maison	18 Maison	18 Maison	
19	19	19	
20	20	20	

allocution à la nation est prévue le 24 mai, elle n'est pas avancée. Le temps est encore sous contrôle, prévisible.

Outre les conseils des ministres et les rencontres particulières avec des membres du gouvernement (Pompidou, Missoffe, Debré), les temps forts de la semaine sont marqués par les relations diplomatiques et notamment par la poursuite des négociations de paix au Vietnam, ouvertes le 13 mai au centre de conférences internationales de l'avenue Kléber. Le Général reçoit le 21 mai au matin Harrimann, président de la délégation des États-Unis, le soir même Xuan Thuy, président de la délégation de la République démocratique du Nord-Vietnam. La question de la guerre et des relations avec les États-Unis est l'une des préoccupations de De Gaulle : le 22 mai, il déjeune avec le général James Gavin, ancien ambassadeur des États-Unis en France et icône du débarquement du 6 juin 1944 ; il s'y consacre encore durant la matinée du 25 mai avec Maurice Couve de Murville, ministre des Affaires étrangères.

Une certaine historiographie a souvent mis en opposition la passivité supposée du général de Gaulle et la suractivité affichée du Premier ministre durant le printemps 1968. L'examen des agendas met à mal cette dichotomie : l'action du président de la République, de par ses fonctions de représentation nationale et de conduite de la politique extérieure, diffère de celle du chef du gouvernement. Dès lors, les visions et les orientations divergent.

VENDREDI 24 — SAMEDI 25 — DIMANCHE 26 — MAI

VENDREDI 24 — Ste Angèle

11 ½ Enregistrement allocution

15 [Fouchet
Grimaud

16 ½ Debré

18 ✝ X de B. – Maison –

SAMEDI 25 — St Urbain

10 ✝ L de C. USA
✝ Cour de M.

11 ¾ ✝ MISSOFFE

12 ¼ ✝ POMPIDOU

15 ✝ BT – D de V

DIMANCHE 26 — Fête des Mères

21me Semaine

CALENDRIER JUIN

LUNDI		3	10	17	24
MARDI		4	11	18	25
MERCREDI		5	12	19	26
JEUDI		6	13	20	27
VENDREDI		7	14	21	28
SAMEDI	1	8	15	22	29
DIMANCHE	2	9	16	23	30

NOTES

Mme Pacheco – Areco
Epouse du P^t de l'Uruguay

Maximos V : Patriarche grec Catholique

M. Egal : 1er Min de Somalie

Harriman
– P^t de la délégation des Etats Unis

Xuan Thuy : P^t de la délégation de la RDVN

Couture – Secr. G^l de l'Energie

[Robert Sargent Shriver
A^r des USA

CHAPITRE 3

Notifier

La prise de décision politique ne se nourrit pas uniquement d'informations et de renseignements bruts : ceux-ci font l'objet d'analyses, d'options élaborées par l'administration, mais également par les collaborateurs et conseillers des décideurs politiques, dont la désignation relève de l'unique volonté du pouvoir en place. Arlette de la Loyère, collaboratrice d'Alain Peyrefitte depuis 1962, le suit naturellement dans le cabinet qu'il se constitue, en 1967, comme ministre de l'Éducation nationale. Régulièrement, dès février 1968, elle rédige des notes relatives à l'agitation étudiante et aux mesures à prendre. En effet, la note dite de cabinet est la formalisation écrite de cette fonction de conseil, dont certains membres restent inconnus, quand d'autres y font l'apprentissage décisif de la vie politique. Édouard Balladur est de ceux-là : conseiller technique au sein du cabinet de Georges Pompidou depuis 1964, il est à ses côtés tout au long du printemps 1968. La note de cabinet, à la fois synthèse et proposition, est un passage obligé, à la codification tacite : elle n'engage que son auteur, et certainement pas son destinataire. Si le général de Gaulle ne recourt pas à l'article 16 de la Constitution de 1958 accordant au président de la République des pouvoirs exceptionnels, c'est sans doute bien plus parce qu'il ne l'estime pas nécessaire que par considération des notes de ses équipes.

18 mai 1968

Deux semaines de perdues

Par Christophe Prochasson

Depuis le mois de janvier 1959, le cabinet du président de la République s'est sensiblement renforcé, dans l'esprit des nouvelles institutions accordant au chef de l'État une importance dont il était dépourvu sous les deux Républiques précédentes : à sa tête, un secrétaire général (Bernard Tricot depuis le 30 juin 1967), accompagné d'un directeur de cabinet, d'un chef d'état-major particulier et d'un secrétaire général de la Communauté, confié à Jacques Foccart. Ces « quatre grands » conseillers, comme on les désigne alors, sont les plus proches collaborateurs du général de Gaulle, qu'ils rencontrent presque quotidiennement. Mais la machine élyséenne, sans cesse étoffée, s'appuie aussi sur d'autres collaborateurs. Le secrétaire général est doté de quatre conseillers techniques, respectivement chargés des affaires économiques et financières, des affaires sociales, des affaires étrangères et des questions juridiques et institutionnelles, dont Bernard Ducamin, maître des requêtes au Conseil d'État, a la charge depuis le 27 mai 1966.

C'est le 19 mai 1968, au retour du voyage du général de Gaulle en Roumanie, que Bernard Ducamin remet sa note à Bernard Tricot et non au président de la République auquel il n'a pas directement accès.

Note de Bernard Ducamin, conseiller auprès de la présidence, 18 mai 1968

La circulation des notes de cabinet revêt des codes précis : les chemises dans lesquelles elles circulent font état de leur degré d'urgence et du circuit de leur validation hiérarchique. Celle de Ducamin passe par Bernard Tricot, secrétaire général de l'Élysée, avant d'être remise au Président qui, de retour de Roumanie, découvre une crise largement étendue.

Arch. nat., AG/5(1)/2227 (pp. 75 et 77, extraits)

Crise de mai 1968

Documents
(B. Ducamin)
remis à
M. B. Tricot
le Dimanche 19 mai
1968 à 9h 45.

au retour du voyage du
Général de Gaulle en
Roumanie

Samedi 18 mai 1968

11 heures.

ACTION IMMEDIATE
NEMENT AU RETOUR
DE L'ETAT

----

e tableau de la situation est sombre. Toutes
jectives d'un drame sont réunies : une
ans son immense majorité, réprouve les
e constate ou qu'on lui décrit avec complai-
à longueur de journée, n'entend que la voix
nent l'agitation ; une information (presse,
e à l'emprise de la raison et qui souffle
ne inconscience totale ; une police amère,
le de Paris, qui obéira mais à contrecoeur
e toute manière, elle ne serait plus en
face à des troubles généralisés. Des ou-
ssent plus aux ordres de leurs syndicats et
perçoivent qu'on peut prendre au pied de la
'ordre révolutionnaires et, de ce fait, passer
alité : cette prise de conscience est, à vrai
e plus dangereux parce que psychique et

eux semaines ont été perdues.

.../

Elle est à l'unisson de celles que rédigent alors d'autres conseillers techniques du secrétariat général. Tirant les leçons de la crise de Mai, toutes invitent le Président à relancer, dès l'été, l'action réformatrice de l'État. Plusieurs souhaitent l'organisation d'un référendum.

Concise, comme il se doit, la note de Ducamin ne s'embarrasse ni de nuances ni de courtisanerie. Elle va droit au but. « Le tableau de la situation est sombre », commence-t-il par affirmer sans détour, avant d'ajouter : « Toutes les conditions objectives d'un drame sont réunies. » On ne saurait être plus franc, d'autant plus qu'il ne fait pas mystère de l'incurie gouvernementale : « Deux semaines ont été perdues. »

Cette analyse sans concession de la situation conduit son auteur à proposer trois types de mesures. La première est technique et politique : Ducamin conseille un remaniement ministériel, moins pour satisfaire des clientèles politiques et infléchir la sensibilité gouvernementale qu'en vue de rendre plus efficace l'action de l'État. C'est le sens de la proposition relative à la séparation entre un ministère de l'Éducation nationale et un nouveau ministère « chargé de la réforme de l'enseignement supérieur ». La deuxième est strictement politique : Ducamin propose l'organisation d'un référendum. La dernière en appelle à une reprise en main policière.

Faut-il penser que Ducamin a été entendu, comme l'espèrent toujours les conseillers élyséens, qui, le plus souvent, se désespèrent de la surdité de celui qu'ils conseillent ? Si de Gaulle finit bien par organiser un référendum l'année suivante et fut en mesure de rétablir l'ordre, la réforme de l'Université revint classiquement à un ministre de l'Éducation nationale : Edgar Faure.

Il faut, très vite, reprendre l'initiative, rassembler les bonnes volontés, rendre le goût de l'autorité à tous ceux qui -préfets, recteurs, chefs d'entreprise, parents, officiers- en détiennent une parcelle et peuvent endiguer le flot.

- I) - Du côté des étudiants, on a pratiqué depuis lundi la politique du gavage de liberté et du pourrissement sur place. On ne pouvait faire autrement. Tout au plus aurait-on pu essayer de freiner la décomposition en province. L'urgent, l'extrême-urgent, c'est de donner au monde universitaire l'impression qu'un homme d'envergure, nommé à la place de M. PEYREFITTE, rend plausible une réforme profonde, rapide et non unilatérale de nos institutions universitaires.

Il faut, en même temps, remplacer le ministre des affaires sociales en choisissant un homme qui, par lui-même, aura valeur de symbole. Il faut que ce qui reste encore de raison chez les dirigeants syndicaux joue en faveur de la voie réformiste, sur la base : "ne gâchons pas, en nous lançant dans la voie aventuriste, les fruits que nous allons pouvoir cueillir de notre relative modération". Car, il ne faut pas s'illusionner, les dirigeants cégétistes, seuls en mesure de ramener le calme, en feront payer le prix.

Il faut enfin un nouveau ministre de l'information, l'O.R.T.F. étant devenu un symbole de l'unilatéralisme du régime. Sans cela, l'O.R.T.F. sautera comme le reste.

18 mai 1968

PRÉSIDENCE
DE LA
RÉPUBLIQUE

Sur le recours à l'article 16.

Juridiquement, et compte tenu de la jurisprudence du Conseil constitutionnel, on peut admettre que les conditions sont remplies, encore que le "fonctionnement régulier des pouvoirs publics constitutionnels" n'est pas "interrompu", ni menacé de l'être immédiatement.

En revanche, politiquement, il serait, *en ce moment*, désastreux d'y recourir.

D'une part, ce ne sont pas les textes et les mesures d'ordre qui sont actuellement de nature à redresser la situation. Le Droit est actuellement bafoué; y ajouter d'autres mesures, aussi draconiennes soient elles, ne ferait qu'augmenter le nombre des dispositions qui sont lettre morte.

D'autre part, si une large part du pays aspire au calme, elle aspire aussi à un renouveau; si les dirigeants des mouvements contiennent encore un peu leurs troupes et ne jouent pas le va-tout, c'est uniquement parce qu'ils croient encore que le Général de Gaulle, reprenant les affaires en mains, va s'attaquer, *en les consultant*, aux problèmes de fond. Brandir l'article 16, c'est les faire basculer, et avec eux

TRANSCRIPTION DU DOCUMENT (EXTRAITS)

Sur le recours à l'article 16

Juridiquement, et compte tenu de la jurisprudence du Conseil constitutionnel, on peut admettre que les conditions sont remplies, encore que le « fonctionnement régulier des pouvoirs publics constitutionnels » n'est pas « interrompu » ni menacé de l'être immédiatement.

En revanche, politiquement, il serait, en ce moment, désastreux d'y recourir.

D'une part, ce ne sont pas les textes et les mesures d'ordre qui sont actuellement de nature à redresser la situation. Le droit est actuellement bafoué ; y ajouter d'autres mesures, aussi draconiennes soient-elles, ne ferait qu'augmenter le nombre de dispositions qui sont lettre morte.

D'autre part, si une large part du pays aspire au calme, elle aspire aussi à un renouveau ; si les dirigeants des mouvements contiennent encore un peu leurs troupes et ne jouent pas leur va-tout, c'est uniquement parce qu'ils croient que le général de Gaulle, reprenant les affaires en mains, va s'attaquer, en les consultant, aux problèmes de fond. Brandir l'article 16, c'est les faire basculer, et avec eux, une masse flottante considérable, vers l'aventure. Les forces libérées actuellement sont d'une telle ampleur qu'il est vain d'espérer les contenir en resserrant le couvercle.

Le pays attend du général de Gaulle une sorte de miracle. Je ne pense sincèrement pas que le recours à une mesure qui, pour beaucoup, est comme le symbole de la dictature, même si c'est à tort, fera retomber la tension. [...]

En tout cas il ne faudrait recourir à l'article 16 qu'après le vote de la motion de censure, car pendant l'exercice des pouvoirs exceptionnels l'Assemblée nationale ne peut être dissoute.

Note de Bernard Ducamin au président de la République, 18 mai 1968

Selon l'article 16 de la Constitution, « lorsque les institutions de la République, l'indépendance de la nation, l'intégrité de son territoire [...] sont menacées d'une manière grave et immédiate et que le fonctionnement régulier des pouvoirs publics constitutionnels est interrompu, le président de la République prend les mesures exigées par ces circonstances [...] ». Ce recours exceptionnel, jugé arbitraire voire autoritaire, n'a été utilisé qu'une fois, à la suite du putsch des généraux en Algérie (23-29 septembre 1961). En 1968, le Président n'y recourt pas.
Arch. nat., AG/5(1)/2227

2.

RÉAGIR AUX

ÉVÉNE
MENTS

Lorsque Georges Pompidou s'adresse à l'Assemblée nationale le 22 mai, le ton qu'emploie le Premier ministre est ferme : « Quelle a été l'attitude du gouvernement jusqu'à ce jour ? J'ai déjà dit mardi dernier qu'à la suite des graves événements qui avaient marqué le Quartier latin, nous avons voulu – et j'ai personnellement voulu – instaurer l'apaisement. [...] Je vais au plus pressé, qui est de permettre aux Français, et spécialement aux Parisiens de vivre, et je le leur permettrai. Je vous donne ces informations pour montrer que nous n'avons pas été inactifs et que nous ne le sommes pas. »
Ce jour-là, les députés doivent se prononcer sur la motion de censure déposée le 14 mai par les gauches unies contre le gouvernement, débat opportunément situé juste après le dépôt du projet de loi portant amnistie pour les contestataires condamnés.

Un État fébrile

De fait, le gouvernement et l'administration sont tout sauf inactifs lors des premières semaines du mois de mai. S'il y a atermoiement, il n'y a pas inaction : les hésitations et les contre-ordres révèlent au contraire la fébrilité de la décision politique. Les réactions du gouvernement à la crise sans précédent qui se présente à lui (paralysie de l'activité économique et du service public, contestation généralisée) sont ainsi de plusieurs ordres.

Il s'agit tout d'abord de casser l'ampleur du phénomène contestataire tout en continuant à assurer la permanence de l'ordre public et des services de l'État. Tous les acteurs du gouvernement ne sont pas unanimes sur la manière d'atteindre ces objectifs. Plusieurs voix au sein de l'appareil étatique se font entendre : celles de l'apaisement, de la négociation, comme celles de la fermeté, de la répression.

Différentes mesures semblent aller dans le sens d'une recherche consensuelle de sortie du conflit : la réouverture de la Sorbonne le 13 mai ou les négociations de Grenelle le 25 mai. De même, la loi du 23 mai portant amnistie pour les infractions et délits liés aux événements traduit une volonté d'apaisement.

La reprise en main du pouvoir

Toutefois, ces mesures peuvent être lues comme le désir du pouvoir de rester seul décideur sur l'attitude finale à adopter vis-à-vis des événements et des acteurs. Ses hésitations sont tout particulièrement nettes au sujet de l'organisation d'un référendum sur la « rénovation universitaire, sociale et économique ». Annoncé le 24 mai par le général de Gaulle, sa tenue est fixée par décret du 27 mai avant qu'un nouveau décret du 30 mai ne reporte *sine die* son exécution. Le projet de loi faisait la part belle à la notion de « participation », pensée par le Général comme une solution au malaise social. Mais, à cette solution est préférée la tenue d'élections législatives anticipées.

La décision du 30 mai de dissoudre l'Assemblée nationale annonce un calendrier très serré : le dépôt des candidatures pour les élections législatives doit se faire entre le 2 et le 9 juin, la campagne officielle commençant le 10 juin pour un premier tour le 23 juin et un second le 30. Durant cette période, la tenue de manifestations est interdite. Ce début de campagne est marqué par les événements tragiques des 10 et 11 juin 1968 (morts du lycéen Gilles Tautin, puis des ouvriers Henri Blanchet et Pierre Beylot à Sochaux), justifiant, selon le pouvoir, le décret du 12 juin de dissolution de groupements et organismes gauchistes. Le gouvernement se dote ainsi de l'appareil réglementaire lui permettant de procéder à des arrestations motivées non par des infractions ou délits individuels dans le cadre de manifestations, mais pour motif de « reconstitution de ligue dissoute », à la fois plus souple et plus large : il permet d'inclure l'appartenance active aux organismes listés.

De même, le décret du 11 juin permet à l'État de contribuer activement à la reprise du travail : ce décret n° 68-540 autorise en effet la Caisse nationale des marchés de l'État, des collectivités et des établissements publics « à intervenir pour l'octroi d'avances exceptionnelles [...] et consenties par les banques aux entreprises industrielles et commerciales en vue de permettre à ces dernières de faire face aux besoins supplémentaires de trésorerie résultant des événements de mai et juin 1968 ». Ce dispositif des décrets des 11 et 12 juin (évitant la mise aux votes parlementaires) accélère donc l'intervention financière et répressive de l'État.

Assurer le service public à tout prix

Outre ces interventions de plus en plus autoritaires, le gouvernement réagit également en assurant la permanence de l'ordre et du service public et en tentant d'administrer. Il s'agit d'assurer à tout niveau les infrastructures nécessaires à la vie en société malgré les grèves : distribution d'eau, d'énergie (électricité, essence), de courrier, approvisionnement, maintien de l'ordre et des services publics (instauration du service minimum dans les structures hospitalières). La loi du 31 juillet 1968 « relative aux forclusions encourues du fait des événements de mai et juin 1968 » permet de saisir l'ampleur de l'interruption du service public ; son article 9, par exemple, suggère l'interruption des services municipaux en mai et juin 1968 en indiquant que « lorsqu'une naissance survenue entre le 10 mai 1968 et le 1er juillet 1968 inclus n'a pu être déclarée dans le délai [...], le procureur de la République pourra décider qu'elle sera néanmoins relatée sur les registres de l'état civil ».

Après un moment de flottement, la reprise en main par le pouvoir se fait donc à plusieurs niveaux et joue sur la totalité des registres tout en mobilisant l'ensemble des possibilités qu'offrent les institutions de la Ve République.

POMMES de TERRE
HOTEL
Horlogerie

CHAPITRE 1

Gérer le quotidien

À partir du 14 mai 1968, les grèves massives paralysent le service public. Toutefois on note de très fortes disparités : les secteurs sont inégalement touchés selon les territoires, les traditions syndicales et leurs capacités à mobiliser. La mobilisation des personnels postaux, scolaires ou hospitaliers n'est pas uniforme, loin s'en faut.

Mais, dans tous les cas, à des fins de maintien d'ordre public et de service rendu aux populations, l'État doit s'efforcer d'y pourvoir. L'armée peut parfois constituer un palliatif : des régiments sont appelés à aider au ramassage d'ordures, à la distribution du courrier. Dans les administrations centrales, la pénurie d'essence oblige à l'organisation de tournées pour conduire le personnel non gréviste et lui permettre de travailler. Pour « assurer le fonctionnement régulier des services », il faut donc organiser et répartir les moyens à grande échelle, planifier. Mais il arrive que le service public reste continuellement assuré. Ainsi la parution du *Journal officiel* n'est jamais perturbée, incarnant par là même la continuité de la production législative et réglementaire de l'État et sa diffusion.

(Pr-IO) Paris, Mai 2I.(AP) Voici une vue des e
semblant petit a petit a disparaître sous une
ve des éboueurs.(AP Wirephoto)(JG 2I.5.68.Stf.

ons des Halles ce matin un quartier
agne de cageots à la suite de la grè
chitz.)

Les déchets envahissent Paris, 21 mai 1968

À Paris, le ramassage des déchets est assuré par le service de nettoiement de la direction de la Voirie, composante de la direction générale des Services techniques. Fort de plusieurs milliers de personnes, ce service a depuis 1965 un syndicat CGT propre. Sur ce tirage photographique acheté par l'ORTF, l'interruption du ramassage des déchets paraît spectaculaire, mais la grève des éboueurs fut en réalité courte (moins de quinze jours). Elle permet néanmoins au personnel d'obtenir de réelles avancées : introduction du « roulement », hausses d'effectifs, travail pendant sept jours suivis de deux jours de repos.

Arch. nat., 20010163/3

19-31 mai 1968
L'essence rationnée

Par Emmanuelle Giry

Dès le 14 mai, à Marseille, Le Havre, Dunkerque, l'activité des zones portuaires est fortement ralentie, tandis que le personnel des raffineries se met en grève. Le ralentissement de l'importation du pétrole combiné à l'interruption du raffinage provoque, dès le 19 mai, un début de pénurie d'essence généralisée.

Or, en 1968, avec plus de sept millions de véhicules pour une population de cinquante et un millions d'habitants, l'essence est devenue essentielle au fonctionnement de l'économie. La transition énergétique visant à mettre en place des substituts aux produits pétroliers n'est pas entamée, le contexte international (indépendance de l'Algérie, crise syrienne de 1966, guerre des Six Jours de 1967) oblige à accélérer la diversification des importations. Pour le gouvernement, la question pétrolière fait l'objet d'une attention particulière.

Le problème est d'autant plus vif que les Français, cédant à la panique, tendent à constituer des réserves. Dès le 20 mai, un arrêté du ministère de l'Industrie stipule qu'est « provisoirement interdite la vente au détail, en récipients ou emballages, de l'essence [...] ». Rien n'y fait : la pénurie s'accroît.

L'État doit alors faire face à plusieurs impératifs : assurer l'approvisionnement de véhicules essentiels à la vie quotidienne (alimentaires, médicaux), empêcher les braquages de véhicule pour l'essence (des cas sont avérés dès le 25 mai), surveiller les dépôts de carburants, afin de gérer les stocks mais aussi de prévenir les risques d'incendie.

Notes du cabinet du ministre de l'Intérieur sur les grèves dans le service public, 28 mai 1968 à 10 h 30.
Arch. nat., 19880161/7

MINISTÈRE
DE L'INTÉRIEUR

CABINET DU MINISTRE

RÉPUBLIQUE FRANÇAISE

PARIS, LE 196

Situation dans la Région Parisienne
le 28 à 10h30

I Essence.

- Pénurie grandissante malgré une circulation encore dense.
- Situation satisfaisante pour le Gas Oil -
- Les dépôts doivent encore assurer la consommation des prioritaires pendant plusieurs jours. (200.000 M3)
- Les 3 réseaux prioritaires fonctionnent à peu près normalement (Croix Rouge - Fourchette - Dépannage) Surveillance intermittente assurée par la police.

II Ordures Ménagères.

- La situation s'est améliorée

A Paris - ce matin - 818 personnes (200 militaires + volontaires) - 411 véhicules - vont tourner soit un rendement proche des 2/3 de la normale - mais hier encore 10 véhicules attaqués par des grévistes et immobilisés -

En 1968, la question pétrolière relève du ministère de l'Industrie (et non des Transports) en raison de l'assimilation du pétrole aux autres substances minières. En son sein, la direction des Carburants, dite Dica, dirigée depuis 1964 par André Giraud, futur ministre de l'Industrie de 1978 à 1981, définit la politique de ravitaillement en produits pétroliers.

Le cas francilien est particulièrement préoccupant. Giraud et ses équipes mettent au point, en moins d'une semaine, avec l'aide de la préfecture de police de Paris, un réseau de points de distribution d'essence réservés exclusivement à l'approvisionnement des véhicules dits alimentaires (camions de lait, camions frigorifiques) : c'est l'opération « Fourchette ». Les jours suivants ce sont les opérations « Croix Rouge » et « Croix Verte » pour les professionnels de santé, puis « Troisième réseau » pour les corps diplomatiques, la presse, la radio et les organisations syndicales. Certains établissements sont placés sous la surveillance de la police : l'essence est obtenue sur présentation d'un « bon d'essence » délivré par les organismes listés par la Dica (Ordre des médecins, par exemple) et d'une carte professionnelle.

Parallèlement à cette gestion des flux essentiels, les pouvoirs publics travaillent au « retour de l'essence ». Le 31 mai, les piquets de grève sont évacués devant les dépôts pétroliers ; les forces de l'ordre – et notamment l'armée – escortent les convois de camions-citernes : la circulation routière reprend durant l'ensoleillé week-end de Pentecôte 1968.

Opération « Croix Rouge », instructions de la direction des Carburants (Dica) du ministère de l'Industrie.
Arch. nat., 19920376/5

B

MINISTÈRE DE L'INDUSTRIE
-DIRECTION DES CARBURANTS-

INSTRUCTIONS

Le Ministre de l'Industrie arrête les dispositions suivantes en ce qui concerne l'approvisionnement en carburant auto des professions médicales et paramédicales dans la région parisienne.

a) 70 stations sont réservées à ces professions (il s'agit du réseau actuel marqué Croix Rouge et dont la liste est jointe aux présentes instructions)

L'accès aux stations sera exclusivement réservé aux personnes munies de tickets et d'une carte professionnelle ou attestation spéciale délivrée par les Organismes habilités à cet effet.

b) les tickets nécessaires sont des tickets de 10 litres, série mauve n° 1.695.001 à 1.719.000

Ils seront délivrés par les Organismes sous-mentionnés.

c) Les stations Croix Rouge seront surveillées d'une part par la Police et d'autre part par des membres des professions visées ci-dessous. Les Organismes répartiteurs devront prendre toutes les mesures nécessaires pour assurer pendant les heures d'ouverture cette surveillance, en organisant notamment des permanences dans les stations.

d) Les Professions ou activités bénéficiant de l'accès à ces stations sont rattachées aux Organismes suivants, seuls habilités à délivrer les tickets nécessaires.

1°- Ordre National des Médecins -

En ce qui concerne les médecins inscrits au tableau de l'Ordre, l'Ordre National organisera, sous sa responsabilité, la répartition du contingent hebdomadaire,qui lui est attribué,entre les Ordres départementaux.

Le contingent réservé à l'Ordre National des Médecins correspond à une attribution unitaire de 40 l. semaine par médecin inscrit.

2°- Ordre National des Sages-Femmes -

En ce qui concerne les sages-femmes inscrites à l'Ordre et exerçant leur activité de façon libérale, l'Ordre National organisera, sous sa responsabilité, la répartition du contingent hebdomadaire qui lui est attribué entre les Ordres départementaux. Le contingent réservé à l'Ordre National des sages-femmes correspond à une attribution unitaire de 30 l. par semaine par sage-femme.

....

COMITE PROFESSIONNEL DU PETROLE
51, Boulevard de Courcelles
75 - Paris / 8ème

JOURNEE DU 2 JUIN 1968

Heure	Lieux	Renseignement obtenu	Origine
8 h. 30	Paris	80 % des raffineries auraient repris le travail : 3 de l'U.G.P. . + 1 Shell Petit Couronne	M. Thierry Permanent DICA
9 h. 30	I - Nord	La raffinerie de Dunkerque aurait repris le travail.	Mme Dumas, en l'absence de son mari, délégué régional
11 h.	III - Région Parisienne	La raffinerie de Grandpuits a repris le travail hier 1-6-68 Renseignement confirmant celui fourni par la DICA à 10 h. 30	Permanent de la raffinerie
10 h. 45	V - Haute-Normandie	La raffinerie C.F.R. de Gonfreville a repris le travail ; le Trapil expédie sur Région Parisienne;Esso Standard Pt Jérôme vraisemblablement.	l'A.L.T.P. du Havre
11 h.		Confirmation par la DICA qui ajoute : Esso Standard Port Jérôme Mobil Oil Gravenchon Shell Berre Petit-Couronne ont également repris le travail.	M. Thierry permanent DICA
8 h. 30	VII - Bretagne	La raffinerie de Vern s/ Seiche Antar aurait repris le travail.	M. Thierry permanent DICA
10 h. 30		Non, la raffinerie ne travaille pas encore mais elle a été évacuée par les grévistes et est occupée par le service d'ordre. Sa reprise est liée à celle de la raffinerie de Donges.	
10 h. 30	VIII - Pays de la Loire	La raffinerie Antar de Donges est toujours en grève. Le personnel doit voter ce matin.	M. Thierry Permanent DICA

Le retour de l'essence, 2 juin 1968

Le week-end de la Pentecôte 1968 (1er-2 juin) marque le retour de l'essence pour les particuliers. La synthèse quotidienne de la Dica rend compte de la reprise du travail dans de nombreuses raffineries (Île-de-France, Dunkerque, Gonfreville-l'Orcher, Vern-sur-Seiche), à l'exception de celle de Donges en Loire-Atlantique, deuxième raffinerie nationale. La reprise du travail s'accompagne de la clôture des négociations sociales dans le secteur du pétrole le 3 juin.
Arch. nat., 19920376/5 (p. 94) et 20010163/3 (p. 95)

(PR-6)PARIS,22 MAI-(AP)-Un pompiste leve les bras au ciel quand un automobiliste lui demande de faire le plein aujourd'hui a une station-service pres de la Tour Eiffel. La station attend de se reapprovisionner en essence.(AP WIREPHOTO) (GK 22/5/68) str/mic

Pénurie d'essence à Paris, 5 juin 1968

Jusqu'en 1969, les Actualités françaises diffusent dans les cinémas des programmes courts avant les projections. Ceux du 5 juin évoquent a posteriori *le manque d'essence dans la capitale. Malgré l'interdiction du ministère de l'Industrie, on y voit de nombreux particuliers se constituer des réserves d'essence dans des bidons.*
INA, I07327341

PRIX

20-30 mai 1968

L'armée au secours des PTT

Par Emmanuelle Giry

En 1968, l'administration des Postes et Télécommunications (PTT), forte de 150 000 agents répartis sur l'ensemble du territoire, recouvre aussi bien des services liés à la réception, au tri et à la distribution du courrier que des services financiers, dont les centres de chèques postaux sont le nerf. Les revendications sociales trouvent un terreau très favorable dans ces centres où l'automatisation n'a encore que très peu diminué la pénibilité des opérations à effectuer.

La grève des Postes, généralisée à partir du 19 mai (avec des occupations de centres de tri), a des conséquences majeures sur l'acheminement du courrier et des colis, et sur les transactions financières. Massive dans les villes comprenant des centres de tri et de chèques postaux d'envergure, elle est inégalement suivie en province : d'après des chiffres du ministère de la Fonction publique, le 22 mai 1968, 37 % des personnels des PTT de l'Allier sont en grève, contre moins de 10 % de ceux du Vaucluse.

Pour le gouvernement, l'enjeu de taille : il est des courriers qu'on ne saurait retarder. Nécessité fait loi. À partir du 20 mai, le service de la Poste aux armées prend le relais de la réception, du tri et de l'expédition du courrier officiel, du courrier familial dit « d'extrême urgence », des sérums et des vaccins. Le point nodal des circuits aériens militaires mis en place à cette occasion est la base militaire d'Évreux ;

Intervention au centre des chèques postaux de Nancy, 23 mai 1968

Sur ordre du ministre de l'Intérieur, deux sections de CRS sont intervenues pour permettre aux non-grévistes d'accéder à leur poste de travail.

Arch. nat., 19810484/23

I° GROUPEMENT DE C.R.S.
C.R.S. N° 39

JARVILLE, le 23 Mai 1968.

L'O.P.P. KUGELMANN Charles
de la C.R.S. N° 39

à

Monsieur le Commandant de la C.R.S. N° 39
à JARVILLE

OBJET : Compte rendu d'intervention au Centre des Chèques postaux de NANCY.

J'ai l'honneur de vous rendre compte que le 22 mai 1968 à 8 H 30, je suis intervenu, selon vos instructions, au Centre des Chèques postaux de NANCY afin de permettre aux fonctionnaires des P. et T. désirant travailler d'accèder à leur lieu de travail.

Environ 50 personnes formant "Piquet de grève", stationnaient devant l'entrée du Centre des Chèques postaux et refusaient de dégager la porte d'accès malgré les appels de Monsieur le Commissaire LEROYER, mandaté en l'occurence par Monsieur le Prefet de Meurthe et Moselle.

A la demande de Monsieur le Commissaire LEROYER, j'ai donné l'ordre aux deux sections que je commandais de repousser les employés composant le piquet de grève au-delà de la porte d'entrée, sans toutefois faire usage de la force. Au bout de quelques minutes la porte d'accès était dégagée et les non-grévistes pouvaient entrer au Centre de Chèques postaux.

Je précise que ni les bâtons de défense, ni les mousquetons n'ont été utilisés. Aucune blessure n'a été constatée parmi les manifestants, ni parmi les fonctionnaires de la C.R.S. 39.

Kugelmann

39
C.R.S. N° 39
N° 3548 /1501

Transmis à : M. le Commandant du VI° Groupement de C.R.S. - M E T Z (2 ex.)

Jarville, le 24 mai 1968
Le Commandant GERARD Lucien
commandant la C.R.S. 39

Gerard

le tri est en partie assuré par le Bureau central militaire C de la caserne de Reuilly (Paris, XIIe arrondissement). La Poste aux armées voit ainsi son trafic postal augmenter d'une centaine de tonnes de courrier en moins de trois semaines. Le témoignage de satisfaction adressé *a posteriori* par Pierre Messmer, ministre des Armées, aux services postaux militaires souligne cette activité exceptionnelle « par suite de la défaillance des services publics » : il a en effet réussi à « exercer ses activités sur un plan dépassant très largement le cadre de ses attributions militaires, utilisant au maximum les circuits routiers et les moyens aériens de remplacement, [...] au prix d'un effort soutenu de jour et de nuit, non seulement à acheminer le courrier militaire officiel et privé, mais encore apporté, avec l'accord du commandement, une aide efficace pour le traitement du courrier gouvernemental, des messages privés urgents et des colis [...] nécessaires à la santé publique ».

Les arriérés causés par les grèves dans le traitement du courrier mettront plusieurs semaines à être résorbés ; devant l'augmentation des flux à traiter et tirant leçon des événements du printemps, l'administration met en place des moyens pour prévenir toute asphyxie. Une grande réforme du courrier entre en vigueur le 13 janvier 1969 (organisation du courrier en deux catégories, prioritaire et ordinaire, pour améliorer la gestion de flux) ; à compter du 1er janvier 1969, un bureau postal militaire est créé au siège de chaque région militaire. À la gestion de crise succède la prévention.

Carte du transport du courrier officiel par l'aviation militaire depuis la base d'Évreux, [28] mai.
Arch. nat., 19810484/23

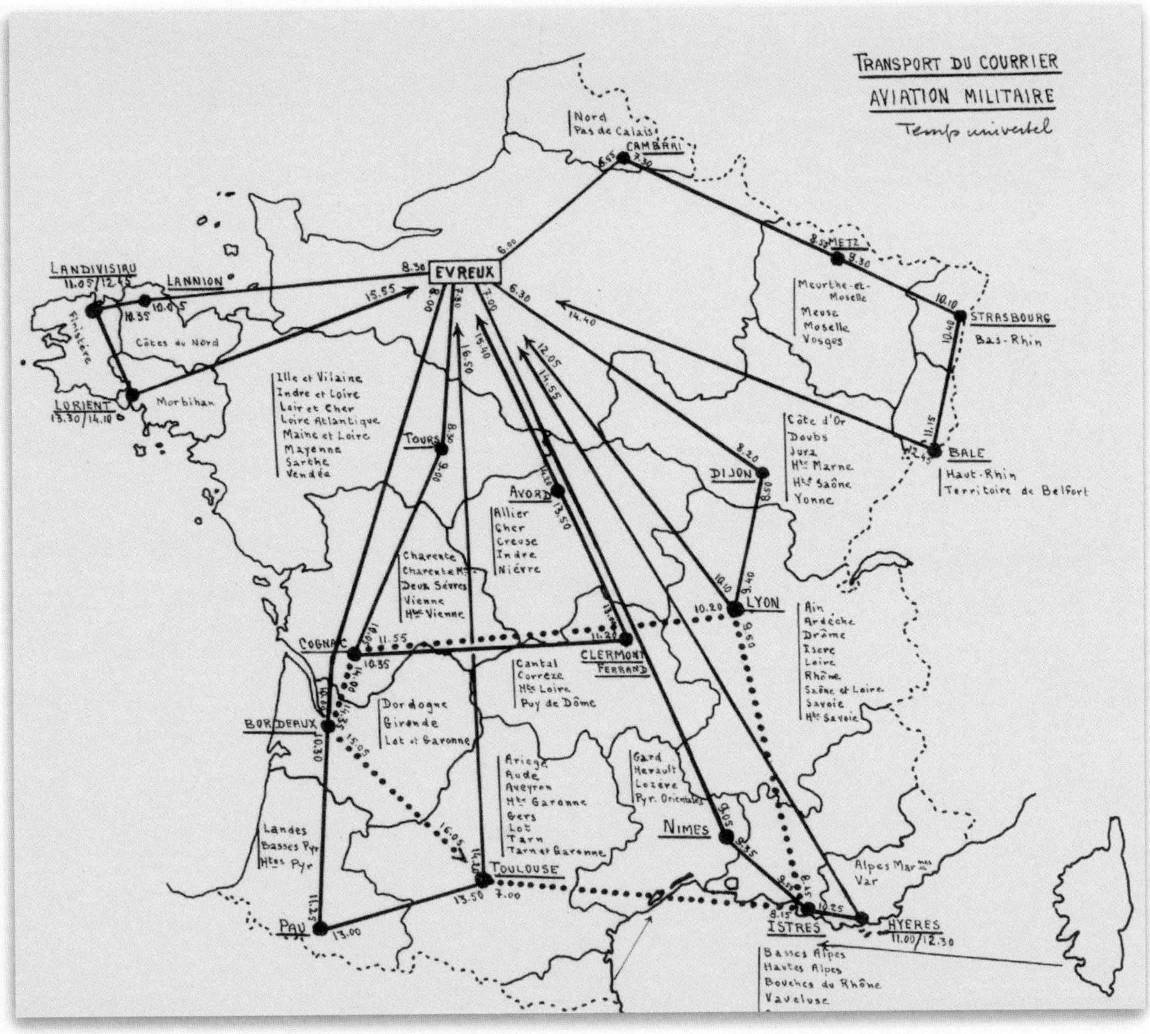

TRANSPORT DU COURRIER
AVIATION MILITAIRE
Temps universel
Nord
Pas de Calais
CAMBRAI
6.55
7.30
6.00
8.30
EVREUX
8.00
7.30
7.00
6.30
14.40
15.55
15.40
16.50
12.05
14.55
LANDIVISIAU
11.05/12.45
LANNION
10.35
10.05
Finistère
Côtes du Nord
Morbihan
LORIENT
13.30/14.10
Ille et Vilaine
Indre et Loire
Loir et Cher
Loire Atlantique
Maine et Loire
Mayenne
Sarthe
Vendée
TOURS
8.30
9.00
AVORD
13.50
Allier
Cher
Creuse
Indre
Niévre
Charente
Charente Mme
Deux Sèvres
Vienne
Hte Vienne
METZ
9.30
Meurthe-et-Moselle
Meuse
Moselle
Vosges
STRASBOURG
10.10
10.40
Bas-Rhin
BALE
11.15
Haut-Rhin
Territoire de Belfort
DIJON
8.20
8.50
Côte d'Or
Doubs
Jura
Hte Marne
Hte Saône
Yonne
LYON
10.10
10.20
9.40
9.50
Ain
Ardèche
Drôme
Isere
Loire
Rhône
Saône et Loire
Savoie
Hte Savoie
COGNAC
11.55
10.35
CLERMONT FERRAND
11.20
Cantal
Correze
Hte Loire
Puy de Dôme
BORDEAUX
10.30
15.05
16.05
Dordogne
Gironde
Lot et Garonne
Ariege
Aude
Aveyron
Hte Garonne
Gers
Lot
Tarn
Tarn et Garonne
Gard
Herault
Lozère
Pyr. Orientales
NIMES
9.05
Landes
Basses Pyr
Htes Pyr
TOULOUSE
13.50
7.00
PAU
11.25
13.00
ISTRES
8.15
8.45
10.25
HYERES
11.00/12.30
Alpes Mmes
Var
Basses Alpes
Hautes Alpes
Bouches du Rhône
Vaucluse

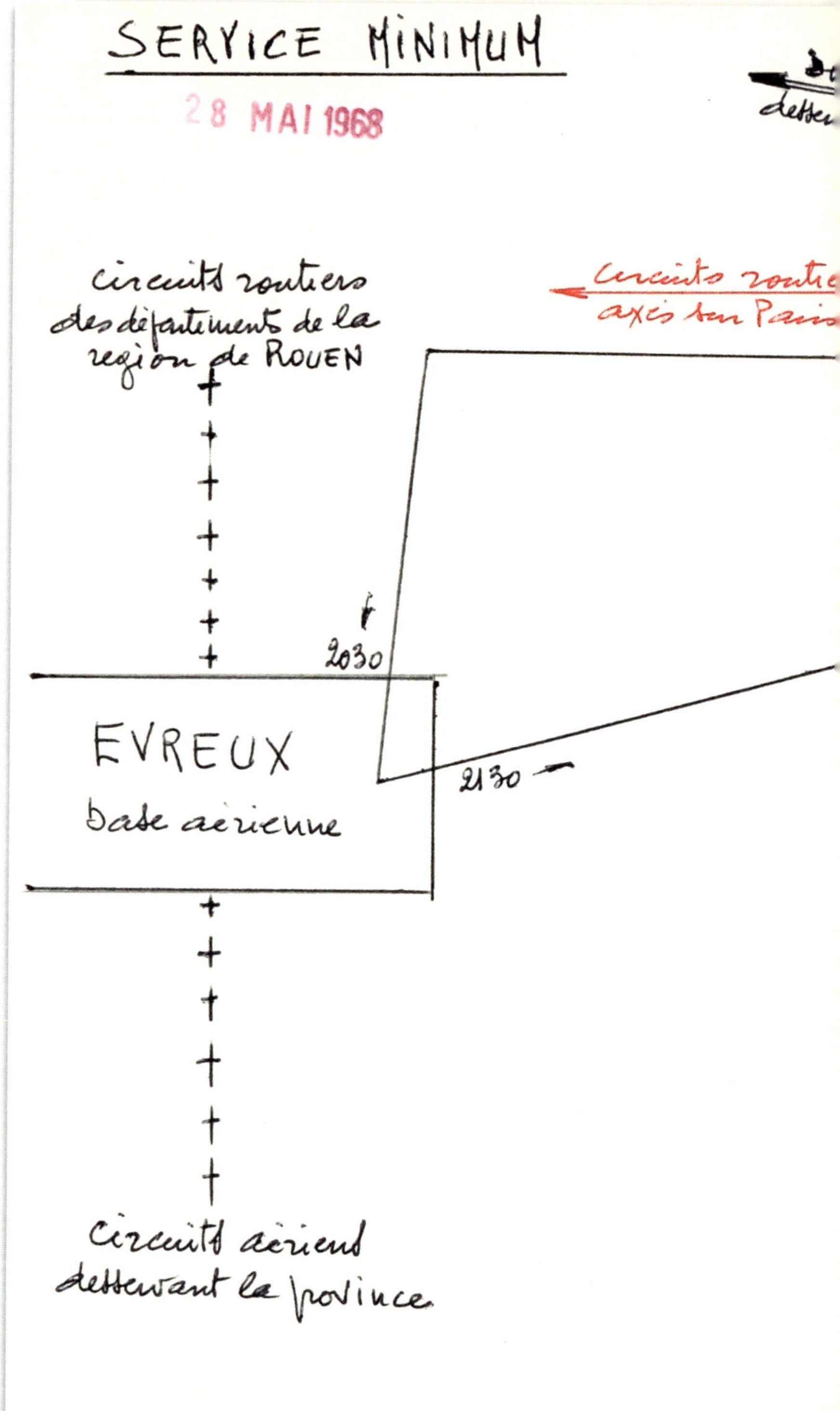

Service minimum pour l'acheminement du courrier, 28 mai 1968

Cet organigramme établit le service minimum de distribution du courrier (courrier familial urgent, sérums, vaccins antibiotiques et courrier officiel) et récapitule les missions des différents acteurs : on y lit la mobilisation des services de la Poste aux armées (le bureau central militaire C de la caserne de Reuilly, la base aérienne d'Évreux), les liaisons postales avec indication des horaires de levée et des opérations de tri (dont l'amplitude horaire témoigne de la mobilisation nuit et jour des services). Le tout s'effectue toutefois dans le cadre du circuit administratif traditionnel (passage par la griffe ministérielle).

Arch. nat., 19810484/23

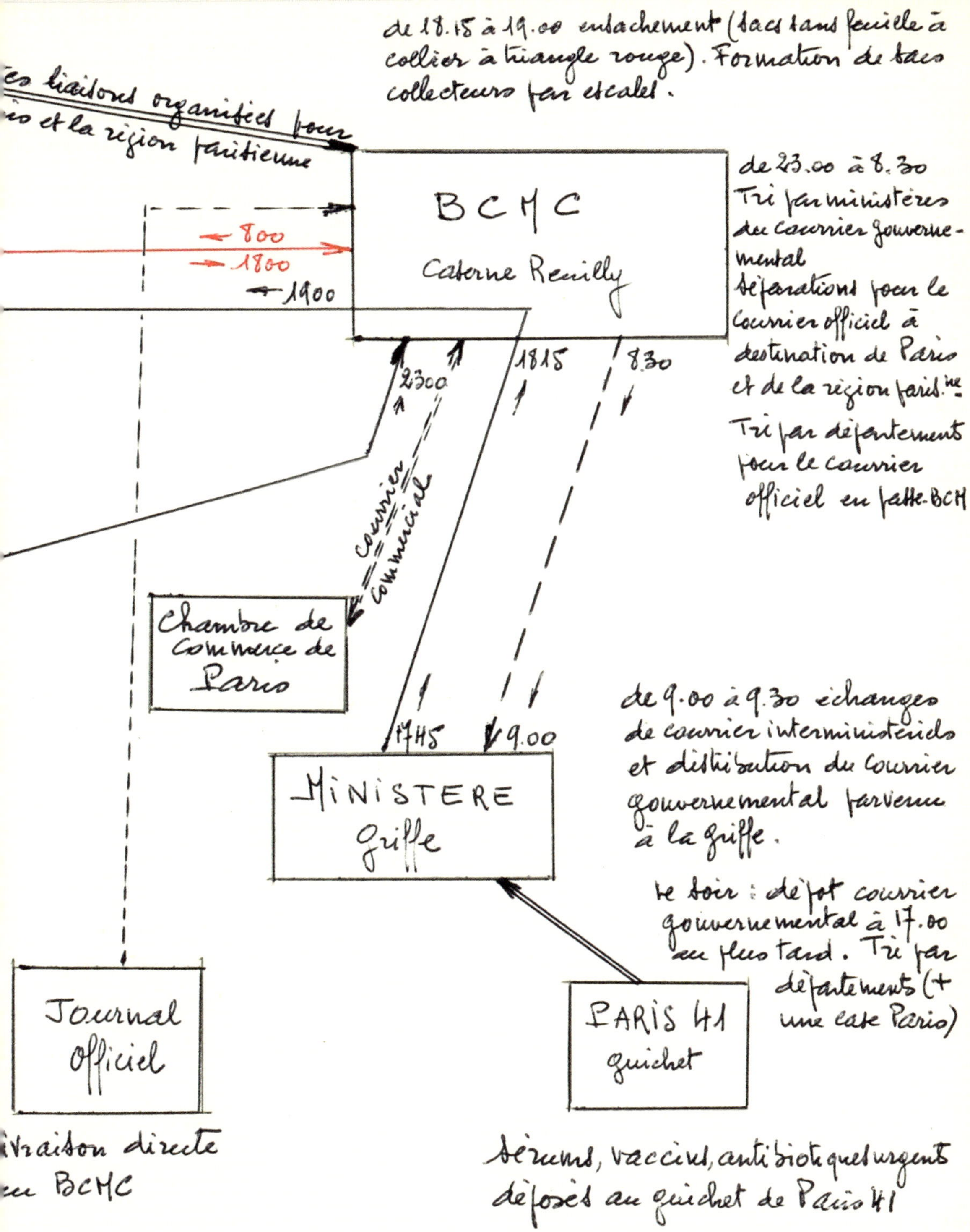

de 18.15 à 19.00 ensachement (sacs sans feuille à collier à triangle rouge). Formation de sacs collecteurs par escales.
…es liaisons organisées pour …is et la région parisienne
BCMC
Caserne Reuilly
800
1800
1900
de 23.00 à 8.30 Tri par ministères du courrier gouvernemental
Séparations pour le courrier officiel à destination de Paris et de la région parisienne
Tri par départements pour le courrier officiel en patte-BCM
2300
1815
830
courrier commercial
Chambre de Commerce de Paris
1745
9.00
MINISTERE
Griffe
de 9.00 à 9.30 échanges de courrier interministériels et distribution du courrier gouvernemental parvenu à la griffe.
le soir : dépôt courrier gouvernemental à 17.00 au plus tard. Tri par départements (+ une case Paris)
Journal Officiel
PARIS 41
guichet
…vraison directe …u BCMC
Sérums, vaccins, antibiotiques urgents déposés au guichet de Paris 41

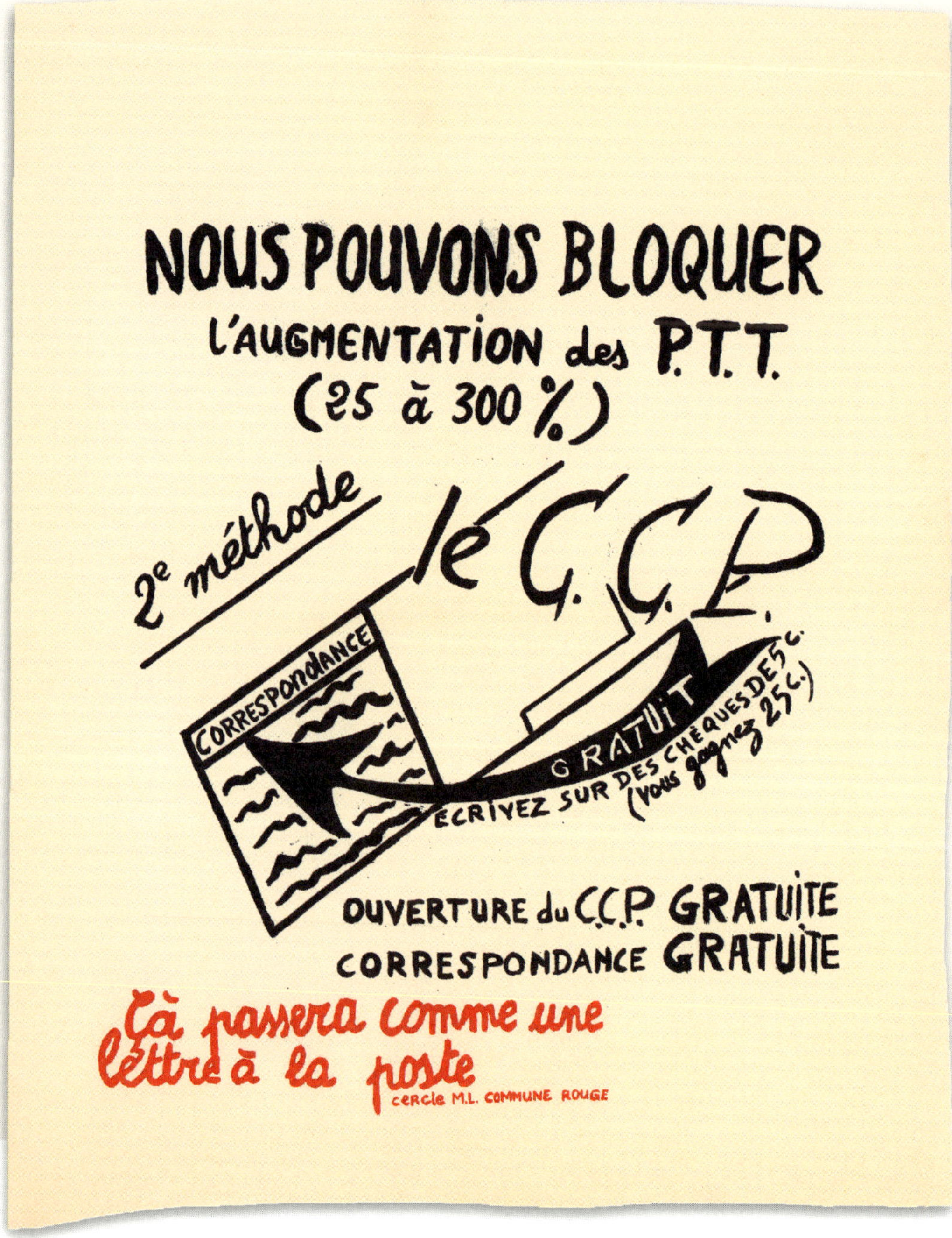

Mobilisation aux PTT

En mai 1968, la Poste est paralysée (à droite). Les groupes marxistes-léninistes, mobilisés contre le capitalisme et pour la défense du pouvoir d'achat, poursuivent leur action en 1969, en dénonçant l'augmentation de l'affranchissement des plis non urgents, passé de 5 à 30 centimes.
Arch. nat., CP/5W/1150

NATIONALE
D'EPARGNE
CHEQUES
POSTAUX
BUREAU
N°108

Grève dans la fonction publique (20-25 mai)

Dans la semaine du 20 au 25 mai, le fonctionnement des administrations centrales de l'Etat a été assuré, la plupart des absences constatées étant dues aux difficultés de transport puis au manque d'essence. Le pourcentage des présents pouvait être évalué à 50% environ au début de la semaine (60 à 70% dans certaines centrales), il est ensuite tombé compte tenu des difficultés mentionnées plus haut.
Aucune occupation n'a été signalée.

La situation a été plus complexe dans les services extérieurs. Lundi 20 mai, la plupart de ces services fonctionnaient; même aux PTT peu d'absents n'étaient signalés dans l'ensemble du territoire, bien que les centres principaux de tri et de distribution aient été soit occupés soit hors d'état de fonctionner. Sans qu'il y ait eu de mots d'ordre précis et général, la situation s'est dégradée les jours suivants en raison des difficultés de tous ordres. A partir de mercredi 22 mai, les préfectures ont commencé à être touchées (40 environ pour la journée de vendredi) mais on notait une tendance à la reprise vendredi soir, tendance confirmée pour lundi 27. Tendance à la reprise également

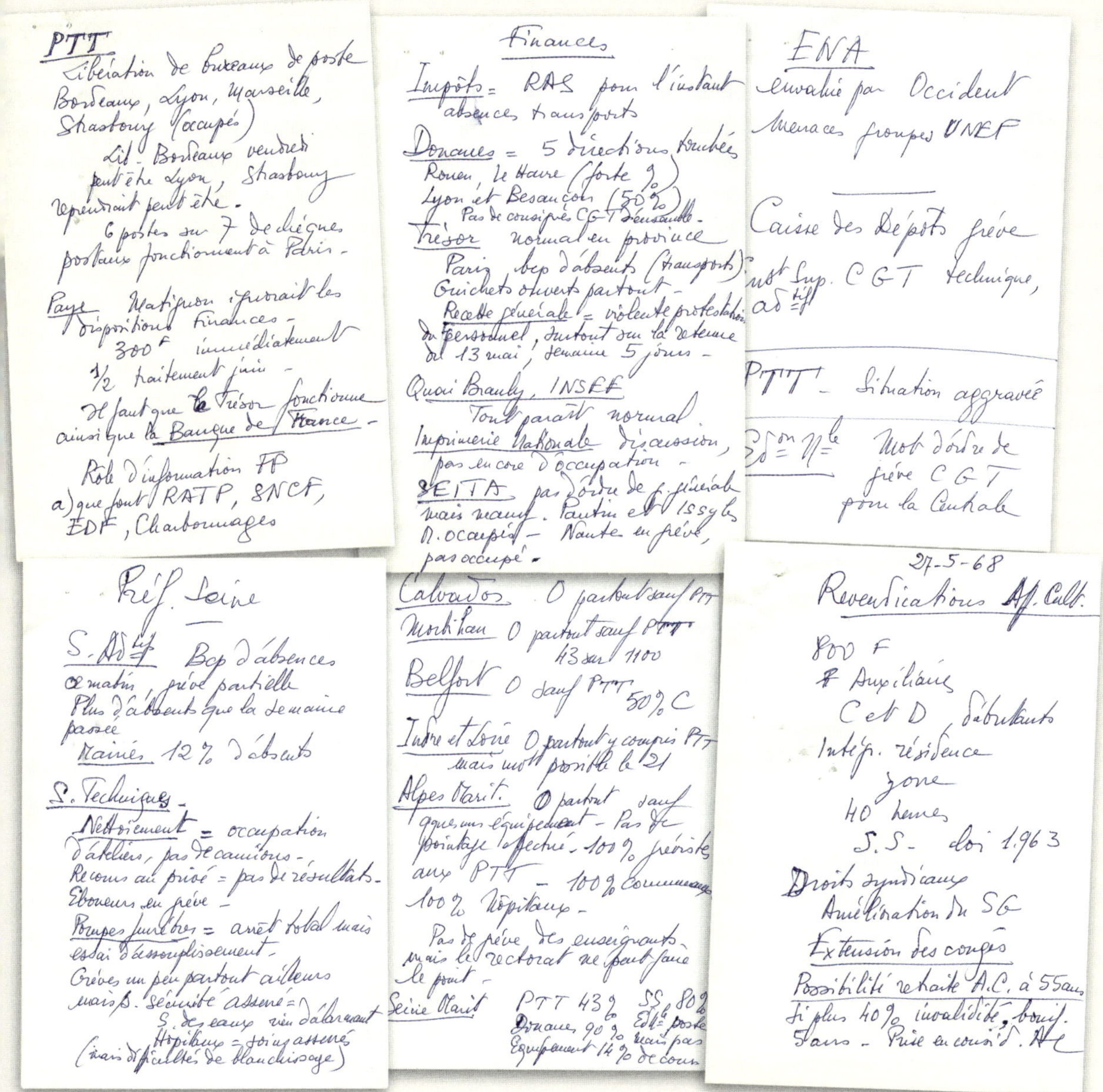

PTT
Libération de bureaux de poste
Bordeaux, Lyon, Marseille,
Strasbourg (occupés)
Lib. Bordeaux vendredi
peut-être Lyon, Strasbourg
reprendrait peut-être.
6 postes sur 7 de chèques
postaux fonctionnent à Paris.
Paye Matignon ignorait les
dispositions Finances.
300 F immédiatement
1/2 traitement juin.
Il faut que le Trésor fonctionne
ainsi que la Banque de France.
Rôle d'information FP
a) que font RATP, SNCF,
EDF, Charbonnages

Finances
Impôts = RAS pour l'instant
absences transports
Douanes = 5 directions touchées
Rouen, Le Havre (forte %)
Lyon et Besançon (50 %)
Pas de consignes CGT d'ensemble.
Trésor normal en province
Paris bcp d'absents (transports)
Guichets ouverts partout.
Recette générale = violente protestation
du personnel, surtout sur la retenue
du 13 mai, semaine 5 jours.
Quai Branly, INSEE
Tout paraît normal
Imprimerie Nationale discussion,
pas encore d'occupation.
SEITA pas d'ordre de g. générale
mais manuf. Pantin et Issy les
M. occupés. Nantes en grève,
pas occupé.

ENA
envahie par Occident
Menaces groupes UNEF

Caisse des Dépôts grève
Inst Sup. CGT technique,
adtif

PTT. Situation aggravée
Edf = Mle = Mot d'ordre de
grève CGT
pour la Centrale

Préf. Seine
S. Adtif Bcp d'absences
ce matin, grève partielle
Plus d'absents que la semaine
passée
Mairies 12 % d'absents
S. Techniques
Nettoiement = occupation
d'ateliers, pas de camions.
Recours au privé = pas de résultats.
Éboueurs en grève.
Pompes funèbres = arrêt total mais
essai d'assouplissement.
Grèves un peu partout ailleurs
mais S. sécurité assurée =
S. des eaux rien d'alarmant
Hôpitaux = soins assurés
(mais difficultés de blanchissage)

Calvados 0 partout sauf PTT
Morbihan 0 partout sauf PTT
43 sur 1100
Belfort 0 sauf PTT
50 % C
Indre et Loire 0 partout y compris PTT
mais mott possible le 21
Alpes Marit. 0 partout sauf
quelques Équipement. Pas de
pointage effectué. 100 % grévistes
aux PTT. 100 % Communaux
100 % Hôpitaux.
Pas de grève des enseignants
mais le rectorat ne peut faire
le point.
Seine Marit. PTT 43 % SS 80 %
Douanes 90 % Edf = poste
mais pas
Équipement 14 % de coun

27-5-68
Revendications Af. Cult.
800 F
Auxiliaires
C et D débutants
Intégr. résidence
zone
40 heures
S.S. loi 1963
Droits syndicaux
Amélioration du SG
Extension des congés
Possibilité retraite A.C. à 55 ans
si plus 40 % invalidité, bonif.
5 ans. Prise en consid. AC

L'état des grèves dans la fonction publique, 20-25 mai 1968

Ces notes de la direction générale de l'Administration et de la Fonction publique témoignent de l'ampleur des grèves dans la fonction publique mais aussi des disparités locales et sectorielles. Les services financiers de l'État sont peu touchés, à la différence des services liés aux transports ou aux PTT. La préfecture de la Seine signale la grève totale des pompes funèbres, mais indique que les services hospitaliers et de distribution d'eau fonctionnent. La grève du service de nettoiement (éboueurs) est l'occasion d'une tentative de recours au privé.
Arch. nat., 19880161/7

CHAPITRE 2

S'affirmer

Dès l'été 1968, le philosophe Michel de Certeau décrit en termes de « prise de parole » les événements du printemps. C'est aussi l'analyse qu'en fait le général de Gaulle lors de la semaine du 25 mai. Alors que la grève générale s'est étendue à l'ensemble du territoire, il comprend que la reprise de l'autorité sur le pays ne peut passer que par une affirmation forte de la figure présidentielle. L'objectif est de renouer avec la nation qui a pu douter de sa capacité à restaurer l'ordre et à entendre les revendications de la jeunesse, de la classe ouvrière, mais aussi des employés, fonctionnaires et paysans. Dans ce but, il fait deux gestes décisifs : il s'adresse aux Français, le 24 mai, lors d'une solennelle intervention radio-télévisée qui montre qu'il a pris la mesure de la situation. La réception de cette prestation est mitigée ; aussi, après la consultation au cours de la journée du 29 mai de membres de l'état-major militaire – consultation passée à la postérité sous le nom de l'épisode de « Baden-Baden » –, il annonce, le 30 mai, à la radio, la dissolution de l'Assemblée nationale et la tenue à la fin juin d'élections législatives, afin de soumettre la légitimité de sa politique aux urnes. Car c'est bien justement la question de la légitimité qui se pose en 1968 et qui est contestée : aussi, le général de Gaulle rappelle dès les premiers mots de son discours qu'il est « le détenteur de la légitimité nationale et républicaine ».

21-22 mai 1968

Georges Pompidou face à l'Assemblée

Par Bénédicte Fichet et Vivien Richard

Le 14 mai 1968, l'opposition parlementaire menée par François Mitterrand et Waldeck Rochet, respectivement députés socialiste et communiste, dépose une motion de censure à l'encontre du gouvernement Pompidou. S'ils constatent les « manifestations de rue d'une exceptionnelle ampleur », au-delà du caractère immédiat des événements, c'est le « régime gaulliste, refusant tout dialogue véritable » qui est dénoncé. Les 21 et 22 mai, la motion est discutée au cours de quatre séances. Après avoir régulièrement répondu aux orateurs, le Premier ministre prend à son tour la parole le 22 mai. L'autorité du pouvoir se joue aussi sur les bancs du Palais-Bourbon, quand bien même les regards sont tournés vers la situation dans les rues.

Plusieurs notes manuscrites, dont un plan en quatre parties, et des notes de cabinet ont servi à la préparation de son discours. Georges Pompidou suit son plan initial, malgré les manifestations d'opposition ou de soutien qui émanent des groupes parlementaires, tout en répondant aux interventions précédentes, notamment à celles de François Mitterrand et d'Edgard Pisani, ancien ministre démissionnaire en 1967. Après l'évocation des événements, il revient sur l'attitude du gouvernement pour apaiser les étudiants et « maintenir les instruments de transmission de l'action gouvernementale ». Afin d'« assurer les besoins essentiels de la population » et d'éviter tout type de dictature, « l'heure est venue d'agir » par des réformes profondes bénéficiant « d'un large assentiment de la nation ». Cela commence notamment par l'ouverture du dialogue avec « toutes les organisations

Georges Pompidou affronte les députés, 22 mai 1968.

BANC DES COMMISSIONS

syndicales ». Georges Pompidou rappelle enfin la relation indissociable entre les deux têtes du pouvoir exécutif et sa fidélité à la personnalité et à la politique du général de Gaulle.

L'agrégé de lettres affleure. Il ne cite aucun des chiffres préparés par son cabinet, mais, avant de conclure sur « l'heure des décisions », il insère « un petit mot personnel [...] selon une chère habitude », en proclamant deux vers d'Apollinaire tirés d'*Alcools* : « Je connais gens de toute espèce, / Ils n'égalent pas leur destin. »

Lors du vote, 244 voix sont nécessaires pour que la motion soit approuvée. Onze voix manquent : elle est rejetée. Néanmoins, au-delà de l'apparent succès, le scrutin révèle la réelle difficulté du gouvernement à largement rassembler au-delà de ses propres forces les autres voix, notamment celles de Jacques Duhamel et des membres du groupe centriste Progrès et Démocratie moderne.

À court terme, le discours de Pompidou illustre une volonté de retour au calme et de conciliation tout en conservant une fermeté certaine. Elles sont annonciatrices de l'état d'esprit dans lequel vont s'ouvrir, les jours suivants, les négociations de Grenelle. À travers ces lignes transparaît la détermination d'un homme d'État, mais aussi l'affirmation de ses convictions les plus personnelles.

Note de Georges Pompidou en vue de son intervention

Le plan du discours du Premier ministre devant l'Assemblée constitue un véritable programme d'action du gouvernement.
Arch. nat., AG/5(2)/1004 (pp. 113 et 114)

Assemblée 21/22 Mai 68

Plan –

– La situation il y a un mois
notamment économique –

– Depuis – les évènements –

1. L'Université – Causes occasionnelles
Causes profondes –

2. Le mouvement de grève –
Causes profondes –
Causes ~~extérieures~~ – l'action de reprise syndicale –

La situation – Electricité 68%) Fonctionnaires (17%)
~~[illegible]~~

L'attitude du gouvernement.

1er temps Apaisement étudiants –
Pas d'affrontement avec le monde ouvrier –

2e temps Maintenir les instruments de transmission de ~~l'action~~ l'action gouvernementale
administrations centrales
Télécommunications –
Information – ORTF.
~~Administr~~

~~3e [illegible]~~

farouches et directs.

<u>Je n'ai pas convoqué les syndicats</u> –

On verra s'ils cherchent à faire aboutir des revendications raisonnables ou s'il s'agit de l'acte d'une grève politique et presque insurrectionnelle –.

Bien il ne suffit pas de communiqués. Quand on paralyse un pays, qu'on jette la population dans l'incertitude et bientôt dans la gêne et les privations, c'est bien d'une grève politique qu'il s'agit.

– Au delà, il faudra accélérer les ~~ré~~ réformes –
On peut préciser ces lignes –

Université –

Réformes sociales – / gestion et [illegible] – participation – développement régional –

Ce n'est pas la grève [illegible] de ces réformes –

Mais elles auront besoin d'un large assentiment de la nation, de la ~~partic~~ coopération de tous, représentation politique, économique, sociale, régionale –

TRANSCRIPTION DU DOCUMENT (EXTRAITS)

Note de Georges Pompidou, 21-22 mai 1968

Plan

[p. 1]
La situation il y a un mois
Notamment économique
- depuis les événements
1. L'université
Causes occasionnelles
Causes profondes
2. Les mouvements de grève
Causes profondes
Causes extérieures : l'action de reprise syndicale
La situation / électricité 68 % / secteur privé (17 %) [...]

[p. 3]
Je vais convoquer les syndicats
On verra s'ils cherchent à faire aboutir des revendications raisonnables ou s'il s'agit en fait d'une grève politique et quasi insurrectionnelle.
Il ne suffit pas de communiquer quand on paralyse un pays, qu'on jette la population dans l'inquiétude et bientôt dans la gêne et les privations c'est bien d'une crise politique qu'il s'agit.

Au-delà il faudrait accélérer les réformes
Du pire peut sortir un bien. [...]
Ce n'est pas le jour de parler de ces réformes.
Mais elles auront besoin d'un large assentiment de la nation, de la coopération de tous, représentation politique, économique, sociale, régionale.

[p. 4]
Ce sera le travail de demain.
Mais avant de recoudre, il faut éviter le pire.
Le pire en pareille circonstance, c'est la vacance du pouvoir.
Vacance qui ne profiterait en rien aux forces démocratiques de droite ou de gauche, mais au communisme totalitaire, destiné lui-même à être débordé.
C'est ce qui donne au débat de ce jour et au vote qui le conclura toute sa gravité et sa signification.

25-27 mai 1968

Négociations rue de Grenelle

Par Emmanuelle Giry

Le 24 mai 1968, Georges Pompidou annonce l'ouverture de « négociations avec la volonté d'aboutir ». Au matin du 25, cette volonté se transforme en nécessité absolue devant la violence de la nuit : à Lyon, un commissaire de police est mort ; à Paris, la Bourse a été incendiée et deux commissariats saccagés. Dès lors, il y a urgence : le gouvernement doit trouver des issues à la grève généralisée.

Pompidou semble avoir voulu s'appuyer au maximum sur les organisations syndicales. Situation paradoxale où la CGT, soucieuse de ne pas prolonger outre mesure une situation qui risque d'affaiblir sa position dominante, apparaît, comme le souligne l'historien Jacques Julliard, une « force supplétive du maintien de l'ordre social ».

Les négociations ouvrent à 15 heures au ministère du Travail, rue de Grenelle, en rupture délibérée avec les négociations de Matignon de 1936 (auxquelles Benoît Frachon, secrétaire général de la CGT, avait déjà participé).

Le Premier ministre anime la rencontre, entouré de Jean-Marcel Jeanneney, ministre des Affaires sociales, et de Jacques Chirac, secrétaire d'État chargé des problèmes de l'Emploi. Les accompagnent Édouard Balladur, conseiller chargé des affaires sociales et juridiques, et Jacques Legrand, directeur général du Travail et de l'Emploi. Aucun autre ministre n'est présent. Les discussions durent près de soixante-quatre heures. Les participants s'entendent sur la légitimité de la section syndicale d'entreprise ; le Smig est relevé de 35 % ; la moitié du montant des salaires sera avancée pour l'indemnisation des

Minutes dactylographiées des négociations de Grenelle, 25-27 mai 1968.
Arch. nat., 19860561/2

REUNION TENUE LES 25, 26 et 27 MAI AU MINISTERE DES AFFAIRES SOCIALES
sous la présidence du Premier Ministre

COMPOSITION OFFICIELLE DES DELEGATIONS

__Gouvernement__ :

Le Premier Ministre, M. JEANNENEY, M. CHIRAC

__Représentation des syndicats__ :

- C.G.T. : MM. Benoit FRACHON, SEGHI, BERTELOOT, BUHL, KRASUCKI, MOYNOT
- C.G.T.F.O. : MM. BERGERON, LOUET, DEGRIS, LAVAL, TRIBIE.
- C.F.D.T. : MM. DESCAMPS, BONETY, MATHEVET, MAIRE, CASPARD LAGANDRE.
- C.F.T.C. : MM. SAUTY, TESSIER, PERRAULT, BORNARD, GRUAT, BRETOT
- C.G.C. : MM. MALTERRE, MILLOT, LE FERME, TISSOT, LAPOSTOLLE, GALVEZ.

__Fédération de l'Education Nationale__ :

MM. MARANGE, DAUBARD, SIMON, GOUZY, BOUGREAU, AULONG.

__Confédération Nationale des Petites et Moyennes Entreprises__ :

MM. DELEAU, GOUBAN, DOIRON.

__Centre National du Patronat Francais__ :

MM. HUVELIN, FAURE, FERRY, PAQUETTE, PEUGEOT, PETIET, de PRECIGOUT.

.../

jours de grève, à charge de récupération définitive avant le 31 décembre 1968. À 7 h 30, les négociations sont levées, la presse convoquée. Mais les protocoles d'accord ne font pas l'unanimité. Dans la matinée, les ouvriers de Renault-Billancourt huent Georges Séguy de la CGT venu leur rendre compte des « acquis » : le travail ne reprend pas, la grève continue.

Mais y a-t-il réellement eu protocoles d'accord ?

Les documents issus des négociations sont réalisés rapidement : leur forme n'est pas officielle, il n'y a ni en-tête ni cachet, il ne s'agit que de projets, jamais signés. Pour autant, leur importance est capitale pour le pouvoir qui y voit une victoire symbolique. Édouard Balladur en témoigne : « Le document fut adopté tel qu'il était. [...] Il fut convenu qu'il serait considéré comme un procès-verbal des discussions, que personne n'aurait à le signer, et surtout qu'il serait soumis aux grévistes pour qu'ils l'approuvent ou le rejettent eux-mêmes. [...] Peu importait à Pompidou que ce document fût baptisé protocole, procès-verbal, accord ou constat ; il n'aurait pu obtenir aucune signature, il le savait. Mais il lui importait que la France entière constate que le Premier ministre était parvenu à trouver des interlocuteurs, les avait réunis, avait su s'entendre avec eux ; c'était le fait nouveau, la preuve que le gouvernement était encore en vie, que les syndicats reconnaissaient son existence et acceptaient son autorité. Mais les syndicats étaient-ils vraiment les représentants des grévistes ? »

Les partenaires sociaux au ministère du Travail, Paris, 25-26 mai 1968.

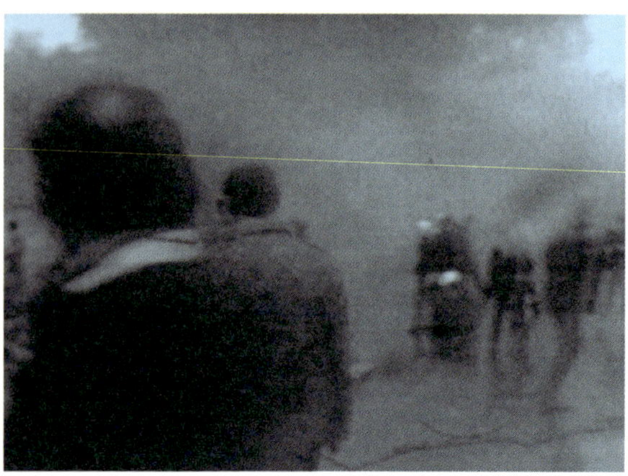

Violences à Lyon, Strasbourg et Nantes

Le 25 mai, alors que les négociations s'ouvrent rue de Grenelle, le JT de 13 heures relate les violences de la nuit précédente, endeuillée par la mort du commissaire Lacroix à Lyon. À Nantes, le monde agricole n'est pas en reste et des tracteurs se joignent aux cortèges, fustigeant le « régime capitaliste ». L'unité « ouvriers-étudiants-paysans » semble se réaliser.
INA, CAF 89049666

28 mai-2 juin 1968

Accords avec les fonctionnaires

Par Xavier Vigna

En mai, les mouvements de grève affectent les établissements scolaires, paralysent les PTT et l'administration publique. C'est pourquoi, sur l'insistance du secrétaire général de la Fédération de l'Éducation nationale, James Marangé, et dans la foulée des négociations conduites à Grenelle entre les 25 et 27 mai, Georges Pompidou puis le nouveau titulaire du portefeuille de la Fonction publique, Robert Boulin, ouvrent dès le lendemain de nouvelles discussions avec l'ensemble des organisations syndicales au siège du ministère, rue Oudinot. Ces pourparlers débouchent sur un relevé de conclusions, le 2 juin, qui concernent toute la fonction publique d'État, mais aussi les personnels communaux et hospitaliers ainsi que les salariés des PTT. L'État patron est en première ligne. Pour contribuer à la détente sur le front des grèves, le gouvernement finit par accepter des concessions sur les rémunérations, la durée du travail et, surtout, sur le droit syndical, préfiguration des dispositions de la loi du 27 décembre 1968 relative aux entreprises. Par ailleurs, une commission paritaire est mise en place pour examiner l'ensemble des problèmes à caractère social (services sociaux, hygiène et sécurité, médecine du travail, etc.) dans ces branches en plein essor, qui recrutent massivement des femmes.

Ce faisant, le syndicalisme des fonctionnaires, toléré de fait depuis le Cartel des gauches en 1924, puis reconnu avec l'article 6 du statut général de la Fonction publique d'octobre 1946, se voit paradoxalement encouragé par l'État gaulliste. En effet, les dispositions du protocole

Les infirmières en grève de l'hôpital Lariboisière à Paris, mai 1968.

tendent à améliorer et à préciser les modalités d'exercice du droit syndical. Un dispositif général est adopté, parfois complété et précisé pour certains secteurs. Il vise à développer le rôle des organisations syndicales et à faciliter leur travail aux échelons locaux, régionaux et centraux, à la fois dans les comités techniques paritaires (CTP), chargés des questions collectives, et dans les commissions administratives paritaires (CAP), qui gèrent les situations individuelles. Cette évolution se lit notamment dans la suppression de la voix prépondérante du président représentant l'employeur dans les différentes instances.

En parallèle, des dispositions précisent les règles concernant le nombre de délégués syndicaux, les autorisations d'absence dont ils peuvent bénéficier, les droits d'affichage, de réunions ainsi que la possibilité de collecter les cotisations syndicales sur les lieux et pendant le temps de travail. Dans un tel cadre, les personnels des arsenaux, où la CGT bénéficie d'une implantation puissante, vont jusqu'à pouvoir faire compter la formation syndicale au titre du congé formation. L'on comprend le satisfecit émis par la centrale de la rue Lafayette au terme de ces négociations, qui améliorent le quotidien des fonctionnaires et confortent puissamment leur syndicalisme.

Projet des accords professionnels signés au ministère de la Fonction publique, 2 juin 1968.
Arch. nat., 19880161/7

P R O J E T

de relevé de conclusions des réunions tenues les 28 et 29 mai et les 1er et 2 juin 1968 au ministère de la Fonction publique

-:-:-:-:-:-

Les organisations syndicales de la Fonction publique, des Postes et Télécommunications et des services publics, Union générale des fédérations de fonctionnaires (C.G.T), Cartel Force Ouvrière de la Fonction publique, Fédération générale des fonctionnaires (C.F.D.T), Fédération générale des fonctionnaires (C.F.T.C), Fédération française des cadres de la Fonction publique (C.G.C), Fédération de l'Education nationale (F.E.N), Fédération générale autonome des fonctionnaires et agents de l'Etat, se sont réunies sous la présidence du Premier Ministre les 28 et 29 mai 1968 et sous la présidence du Ministre de la Fonction publique les 1er et 2 juin 1968.

	Conseil supérieur de la fonction publique	C.T.P.
Protocole Oudinot	. Engagement donné d'améliorer la composition et le fonctionnement . Pouvoir de formuler des propositions et non plus de simples avis en certaines matières à déterminer	/ Elargissement de leur attributions et pouvoirs . Suppression de la voix prépondérante au Président * Mise en place obligatoire au niveau ministériel, des directions et des services centraux . création de comités techniques régionaux et départementaux (quant les structures le permettront) . Consultation obligatoire . Droit d'initiative reconnu aux syndicats
Protocoles particuliers P.T.T.		2 réunions par an. Création auprès des chefs de service régional, départemental et spécial
Affaires sociales*		Compétence obligatoire et immédiate en ce qui concerne l'élaboration et la mise au point des réformes de structure du ministère à tous les niveaux
Finances		Liaison C.T.P. et mission Huet (réforme des structures). Compétence en ce qui concerne les problèmes budgétaires, les conditions de travail du personnel et l'allégement des procédures internes. Il est prévu plusieurs réunions annuelles. Pouvoir en matière de critères de répartition des primes et indemnités
Affaires culturelles		

C.A.P.	Divers
Suppression de la voix prépondérante au Président Amélioration des conditions d'information et de fonctionnement	
Facilités de fonctionnement, notamment en ce qui concerne les délais de communication des dossiers + information détaillée.	
	Réunion d'1 C.T.P. ministériel au mois de Juin
	.../...

Des revendications satisfaites

L'histoire a retenu les acquis sociaux obtenus par les entreprises du secteur privé consécutifs aux négociations de Grenelle, finalement signés en juin 1968. Toutefois, l'ensemble de la fonction publique bénéficie également d'importantes avancées sociales. Aux protocoles d'accord d'Oudinot, s'ajoutent des protocoles particuliers par secteur ministériel, spécifiant le renforcement des compétences et du pouvoir des organisations syndicales.
Arch. nat., 19880161/7

Mercredi 29 mai 1968

Rappel de l'ambiance générale

On entre dans la période où l'émotion atteindra son maximum.

Depuis la veille le mouvement de grève durcit et se politise

10h Un Conseil des ministres est prévu à l'Elysée; mais plusieurs membres du gouvernement apprennent en arrivant que ce Conseil est reporté

11h24 Le Chef de l'Etat quitte l'Elysée avec Madame de Gaulle; on annonce de source autorisée leur départ pour Colombey; cette nouvelle donne lieu, aux interprétations les plus diverses et suscite une vive émotion. aussitôt

11h30 à 13h le Premier ministre reçoit sans discontinuer les membres du gouvernement et de la majorité

Dans l'après midi la CGT a organisé une manifestation de masse de la Bastille à St Lazare pour soutenir les revendications des grévistes et "pour un changement politique ouvrant la voie du progrès social et de la Démocratie". Plusieurs centaines de milliers de personnes (se rassemblent de 15h à 20h; la manifestation finit dans le calme. (soit seulement 100 000)

Dans la soirée vers 17h on apprend que le Chef de l'Etat n'est pas arrivé à Colombey (En fait il n'y arrivera qu'à 18h15; il s'est, en réalité fait conduire à St Dizier d'où il est reparti, après avoir pris ~~que~~ sa Caravelle personnelle pour un voyage dont la destination n'est pas divulguée. ~~l'émotion gagne~~

19h A la demande du Gouvernement la Conférence des Présidents de l'Assemblée Nationale fixe au jeudi à 17h30 l'ouverture d'une séance au cours de laquelle le Premier Ministre doit faire une déclaration. L'émotion gagne

21h10 Monsieur Pierre Mendès France qui s'est précédemment entretenu au domicile de M. Dayan avec MM. Mitterrand, Guy Mollet et René Billères et qui est revenu au Palais Bourbon déclare dans la salle des Commissions qu'il ne refusera pas les responsabilités qui pourraient lui être confiées "par toute la Gauche réunie"; les termes dont il se sert pour caractériser la situation présente contribuent encore à la dramatiser.

Pétrole — vers 3h30 du matin un automobiliste circulant en voiture rue St André des Arts est stoppé par deux individus armés qui lui réclament son

TRANSCRIPTION DU DOCUMENT (EXTRAITS)

Le jour de Baden-Baden, 29 mai 1968

Rappel de l'ambiance générale

On entre dans la période où l'émotion atteindra son maximum.
Depuis la veille le mouvement de grève durcit et se politise

10 h Un conseil des ministres est prévu à l'Élysée mais plusieurs membres du gouvernement apprennent en arrivant que ce Conseil est reporté.

11 h 24 Le chef de l'État quitte l'Élysée avec Madame de Gaulle ; on annonce de source autorisée leur départ pour Colombey ; cette nouvelle donne lieu aux interprétations les plus diverses et suscite une vive émotion.

11 h 30 à 18 h Le Premier ministre reçoit sans discontinuité les membres du gouvernement et de la majorité.

Dans l'après-midi la CGT a organisé une manifestation de masse de la Bastille à Saint-Lazare pour soutenir les revendications des grévistes et « pour un changement politique ouvrant la voie au progrès social et de la démocratie ». Plusieurs centaines de milliers de personnes (ou seulement 100 000) se rassemblent de 15 h à 20 h ; la manifestation finit dans le calme.

Dans la soirée vers 17 h, on apprend que le chef de l'État n'est pas arrivé à Colombey (En fait il n'y arrivera qu'à 18 h 15 ; il s'est en réalité fait conduire à St-Dizier d'où il est revenu, après avoir pris sa Caravelle personnelle pour un voyage dont la destination n'est pas divulguée.)

19 h À la demande du gouvernement, la conférence des présidents de l'Assemblée nationale fixe au jeudi à 17 h 30 l'ouverture d'une séance au cours de laquelle le Premier ministre doit faire une déclaration. L'émotion gagne.

21 h 10 Mais Pierre Mendès France, qui s'est précédemment entretenu au domicile de M. Dayan avec MM. Mitterrand, Guy Mollet et René Billères et qui est revenu au Palais Bourbon, déclare dans la salle des Commissions qu'il ne refusera pas les responsabilités qui pourraient lui être confiées « par toute la Gauche réunie » ; les termes dont il se sert pour caractériser la situation présente contribuent encore à la dramatiser. [...]

*Chaque jour, la direction des Carburants établit une synthèse des informations. La journée du 29 mai est particulièrement tendue avec la disparition du général de Gaulle. Ce n'est qu'*a posteriori *que l'on apprendra qu'il a rencontré le général Massu, commandant en chef des forces françaises en Allemagne, à Baden-Baden.*
Arch. nat., 19920576/5

30 mai 1968

Le général de Gaulle s'adresse à la nation

Par Emmanuelle Giry

Mercredi 29 mai 1968, 10 heures. Le Conseil des ministres doit se réunir : Georges Pompidou et son gouvernement attendent le Président, qui ne vient pas. De Gaulle a décidé, brutalement, de se rendre à Colombey-les-Deux-Églises ; le Conseil est reporté au lendemain. À 11 h 30, le convoi présidentiel quitte l'Élysée pour l'héliport d'Issy-les-Moulineaux ; mais à 13 heures, aucun hélicoptère n'a atterri à Colombey, à la stupeur des plus proches collaborateurs. Pour autant, cette « disparition » ne signifie pas la vacance du pouvoir, en témoigne ce brouillon autographe de l'allocution du 30 mai du général de Gaulle. Revenu de Baden-Baden, où il s'est rendu dans le plus grand secret, le Président est de retour à l'Élysée ; à 14 h 30, il reçoit Georges Pompidou qui, se sentant désavoué, lui remet une lettre de démission qu'il refuse ; à 15 heures, il préside le conseil reporté de la veille et, à 16 h 30, il s'adresse à la nation dans une allocution radiodiffusée.

Ce discours s'éloigne de celui tenu le 24 mai à la télévision. Le Général y avait annoncé « soumettre aux suffrages de la nation un projet de loi par lequel [il] demandait de donner à l'État, et d'abord à son chef, un mandat pour la rénovation ». Le ton est désormais plus ferme : utilisation de la première personne du singulier, du présent et du futur de l'indicatif. Le Président ne propose rien. Il rappelle sa position, affirme ses décisions. Plus étonnant, il fustige Pierre Mendès France

Discours manuscrit du général de Gaulle, 30 mai 1968.
Arch. nat., AG/5(1)/1447 (pp. 131 et 133)

30.5.68

1° Étant ~~la légitimité~~ le détenteur de la légitimité nationale et républicaine,

~~1°~~ J'ai envisagé depuis 24 heures toutes les ~~hypothèses~~ éventualités ~~J'ai examiné~~

sans exception ~~[illegible]~~ qui me permettraient de la maintenir.

J'ai pris mes résolutions.

2° Dans les circonstances présentes, je ne me ~~[illegible]~~ retirerai pas. J'ai un mandat du peuple, je le remplirai.

Je ne changerai pas le ~~[illegible]~~ [illegible]

~~[illegible]~~ la capacité [illegible]

~~[illegible]~~

Je ne ~~[illegible]~~

Change de ton. +

~~[illegible]~~

J'ai proposé au pays un referendum qui donnait aux citoyens l'occasion de ~~[illegible]~~ [illegible] par la seule voie acceptable, celle de la démocratie. Je constate que la situation présente empêche matériellement qu'il y soit procédé. ~~[illegible]~~ [illegible] législatives. Autrement dit, on entend bâillonner le peuple français tout entier ~~[illegible]~~ en l'empêchant de vivre par les mêmes moyens qu'on ~~[illegible]~~ par les mêmes moyens qu'on empêche les étudiants d'étudier, les enseignants d'enseigner, les travailleurs de travailler, [illegible] l'intimidation, l'intoxication et la tyrannie exercées par des groupes ~~[illegible]~~ dire par l'extérieur ~~[illegible]~~ et par un parti qui ~~[illegible]~~ groupes organisés de longue main en conséquence et [illegible] entreprise totalitaire, même s'il a déjà des rivaux ~~[illegible]~~ Si donc cette situation de force se maintient, ~~[illegible]~~ je devrai, conformément à la Constitution, d'autres moyens que le scrutin immédiat du pays pour maintenir la République. En tout cas il faut [illegible] ~~[illegible]~~ [illegible] la France ~~[illegible]~~ de dictature [illegible] se résigner à un ~~[illegible]~~ la contraindre [illegible]

+ Aux usages [illegible] sentiment de [illegible] ne [illegible]

149

(« politicien au rancart ») et dénonce à mots à peine couverts l'influence du Parti communiste français.

Rares sont les documents écrits en 1968 qui sont de tels témoins de l'action politique. La version tapuscrite du discours, corrigée de la main du Général, traduit un tournant stratégique. Rayer « Je ne dissoudrai pas [...] le Parlement qui n'a pas voté la censure » et remplacer par « Je dissous aujourd'hui l'Assemblée nationale », c'est conduire la contestation sociale vers le terrain politique traditionnel. L'article 12 de la Constitution autorise en effet le Président, « après consultation du Premier ministre », à prononcer la dissolution de l'Assemblée nationale ; le Général n'y avait eu recours qu'une fois, en 1962. Opération gagnante : la majorité avait été à nouveau largement acquise. En réalité, la version originelle a été reprise par le Général après son entrevue avec Georges Pompidou. Celui-ci l'a convaincu de reporter le référendum annoncé le 24 mai, d'organiser des élections législatives et d'accepter un remaniement ministériel. Le brouillon puis la mise au net dactylographiée témoignent tous deux des quelques heures de construction de cette décision politique.

Dans de telles circonstances, le Général renoue avec un ton ferme, assumé, et refuse une situation dramatique. « Le dernier mot est-il dit ? L'espérance doit-elle disparaître ? La défaite est-elle définitive ? Non ! », avait-il prononcé le 18 juin 1940. En 1968, sonnent comme un écho ces derniers mots : « Eh bien non, la République n'abdiquera pas, le peuple se ressaisira, le progrès, l'indépendance et la paix l'emporteront avec la liberté. »

pouvoir ~~sorti~~ issu du désespoir national
lequel pouvoir serait alors évidemment et essentiellement
celui du vainqueur, c'est-à-dire celui du
communisme totalitaire. Naturellement on le colorerait
au départ d'une apparence mais affirmée en
utilisant ~~la fièvre de partis~~ l'ambition ~~aigrie~~ ... et la haine
partie au régime par des politiciens ~~d'autrefois~~ au rancart.
~~ne se laissera~~ pas
Eh bien ! non ! La République ~~ne~~ ~~La~~
n'abdiquera pas. Le peuple se ressaisira.
~~liberté~~ Le progrès, l'indépendance et la paix
l'emporteront ~~dans~~ avec la liberté.

Allocution prononcée par le G. G. à la radiodiffusion le 30 Mai 1968

Etant le détenteur de la légitimité nationale et républicaine, j'ai envisagé, depuis vingt quatre heures, toutes les éventualités, sans exception, qui me permettraient de la maintenir. J'ai pris mes résolutions.

Dans les circonstances présentes, je ne me retirerai pas. J'ai un mandat du peuple, je le remplirai.

Je ne changerai pas le ~~Gouvernement. Il est capable, cohérent, dévoué à l'intérêt public. Il comporte~~ un Premier Ministre, dont la valeur, la solidité, la capacité, méritent l'hommage de tous. *Il me proposera les changements qui lui paraîtront utiles dans la composition du Gouvernement.* ~~Au surplus, un autre gouvernement qui sortirait de la panique ne vaudrait rien dès le départ.~~

Je dissous aujourd'hui l'Assemblée Nationale. ~~Je ne dissoudrai pas en ce moment le Parlement qui n'a pas voté la censure.~~

J'ai proposé au pays un referendum qui donnait aux citoyens l'occasion de prescrire une réforme profonde de notre économie et de notre Université, et en même temps de dire s'ils me gardaient leur confiance, ou non, par la seule voie acceptable, celle de la démocratie. *Je constate que la situation actuelle empêche matériellement qu'il y soit procédé.* ~~Il est probable que la situation actuelle empêchera matériellement d'y procéder.~~ *C'est pourquoi j'en diffère la date. Quant aux élections législatives, elles auront lieu dans les délais prévus par la Constitution, à moins qu'on entende bâillonner* ~~Ce serait, d'ailleurs, la même chose pour des élections législatives. Autrement dit, on entende bâillonner~~ le peuple français tout entier, en l'empêchant de s'exprimer ~~et, aussi, de vivre~~ *en même temps qu'on l'empêche de vivre*, par les mêmes moyens qu'on empêche les étudiants d'étudier, les enseignants d'enseigner, les travailleurs de travailler.

.../..

TRANSCRIPTION DU DOCUMENT (EXTRAITS)

Tapuscrit corrigé du discours du 30 mai 1968

Étant le détenteur de la légitimité nationale et républicaine, j'ai envisagé, depuis vingt-quatre heures, toutes les éventualités, sans exception, qui me permettraient de la maintenir. J'ai pris mes résolutions.

Dans les circonstances présentes, je ne me retirerai pas. J'ai un mandat du peuple, je le remplirai.

Je ne changerai pas le ~~gouvernement. Il est capable, cohérent, dévoué à l'intérêt public. Il comporte un~~ Premier Ministre dont la valeur, la solidité, la capacité, méritent l'hommage de tous. ~~Au surplus, un autre gouvernement qui sortirait de la panique ne vaudrait rien dès le départ.~~ Il me proposera les changements qui lui paraîtront utiles dans la composition du gouvernement.

~~Je ne dissoudrai pas en ce moment le Parlement qui n'a pas voté la censure.~~ [Je dissous aujourd'hui l'Assemblée nationale.]

J'ai proposé au pays un référendum qui donnait aux citoyens l'occasion de prescrire une réforme profonde de notre économie et de notre Université, et en même temps de dire s'ils me gardaient leur confiance ou non par la seule voie acceptable, celle de la démocratie. ~~Il est probable que la situation actuelle empêchera matériellement d'y procéder. Ce serait, d'ailleurs, la même chose pour des élections législatives. Autrement dit, on entend bâillonner~~ [Je constate que la situation actuelle empêche matériellement qu'il y soit procédé. C'est pourquoi j'en diffère la date. Quant aux élections législatives, elles auront lieu dans les délais prévus par la Constitution, à moins qu'on entende bâillonner] le peuple français tout entier, en l'empêchant de s'exprimer ~~et, aussi de vivre~~ [en même temps qu'on l'empêche de vivre], par les mêmes moyens qu'on empêche les étudiants d'étudier, les enseignants d'enseigner, les travailleurs de travailler.

Ces moyens, ce sont l'intimidation, l'intoxication et la tyrannie exercées par des groupes organisés de longue main en conséquence, et par un parti qui n'est qu'une entreprise totalitaire même s'il a déjà des rivaux à cet égard.

[...] La France en effet est menacée de dictature. On veut la contraindre à se résigner à un pouvoir qui a~~buserait du~~ [s'imposerait] dans le désespoir national, lequel pouvoir serait alors évidemment [et] essentiellement celui du vainqueur, c'est-à-dire celui du communisme totalitaire. Naturellement, on le colorerait, pour commencer, d'une apparence ~~moins affirmée~~ [trompeuse] en utilisant l'ambition et la haine de politiciens au rancart. [Après quoi, ces personnages ne pèseraient pas plus que leur poids qui ne serait pas lourd.]

Eh bien non, la République n'abdiquera pas, le peuple se ressaisira, le progrès, l'indépendance et la paix l'emporteront avec la liberté.

Vive la République !

Vive la France !

« Eh bien non, la République n'abdiquera pas, le peuple se ressaisira, le progrès, l'indépendance et la paix l'emporteront avec la liberté. »

Discours radiodiffusé du général de Gaulle, 30 mai 1968

Manifestation gaulliste sur les Champs-Élysées, 30 mai 1968

Depuis plusieurs jours, des membres du gouvernement (Michel Debré, André Malraux, Jacques Foccart) et des organismes de soutien à de Gaulle préparaient une grande manifestation de soutien au Général, prévue le 30 mai. À 16 h 30, le Président a annoncé ses décisions et affirmé sa légitimité ; à 18 heures, la foule déferle sur les Champs-Élysées, avec drapeaux et banderoles tricolores. Le succès est réel, le nombre des manifestants est estimé à un million de personnes. En province, des défilés ont également lieu. Cette mobilisation marque le retournement d'une opinion inquiète, prête à saisir le retour à l'ordre.
Arch. nat., 99AS/5 (pp. 136-139)

POILUS
INSTITUTIONS
EGALITE

30 mai-30 juin 1968

L'appel aux urnes

Par Jean Pierre Bat

Le 30 mai 1968 constitue pour les gaullistes la première étape de leur « remise en ordre » du pays : de Gaulle proclame la dissolution de l'Assemblée et ses partisans effectuent leur première démonstration de force dans la rue. Rassemblées autour des comités de défense de la République (CDR) pour faire adhérer « la France profonde » au projet gaulliste, les acteurs et organisations gaullistes vont procéder à une remobilisation de leurs troupes en un temps record et avec tous les moyens jugés nécessaires pour endiguer Mai 68.

L'appareil d'État joue un premier rôle, en imposant un calendrier serré qui fragmente un peu plus encore les forces de gauche : aucun parti ne parvient à s'imposer comme l'héritier de Mai 68. Ce même appareil d'État poursuit son rôle avec l'encadrement officiel de la campagne, rôdé et modernisé lors des élections présidentielles de 1965 et des législatives de 1967, dans lequel les RG trouvent un rôle clé.

Les militants, ensuite, se réinventent. Pour les vieux gaullistes, il s'agit de défendre l'héritage du projet national entrepris depuis 1940 ; pour les jeunes gaullistes de l'Union des jeunes pour le progrès (UJP), c'est, enfin, l'occasion de prouver qu'ils valent autant que leurs aînés. Pompidou est sur le départ ; Roger Frey, ancien ministre de l'Intérieur, prend les rênes de la campagne gaulliste. Le parti est rebaptisé Union de défense de la République (UDR). Le Service d'action civique (SAC)

À la recherche de soutien

Les réseaux gaullistes s'appuient depuis 1962 sur nombreuses organisations. De ces réseaux naissent en mai 1968 les comités pour la défense de la République (CDR), qui ne ménagent par leur peine pour obtenir le soutien de personnalités de premier plan lors de la campagne électorale.
Arch. nat., 99AS/5

dernière liste en date.

Personnalités

			contactés pour la 1ère déclaration	
GAL 61 24.	Joseph KESSEL	, rue Quentin Bauchart 8e	voyage	
553 79 87.	Jacques de LACRETELLE	, rue Vineuse 16e	X	
	François MAURIAC	, av. théophile Gauthier 16e	X	
	Wladimir d'ORMESSON	, rue Salignac Fénélon Neuilly	X	oui
	André CHAMSON	, rue des Francs-Bourgeois 3e	X	
~~POR 28 15.~~	~~Jean PAULHAN~~	~~, rue des Arènes 5e~~ DCD	X	
548 5056.	Marcel BRION	, rue du Bac 7e	X	
	Armand SALACROU	, avenue Foch 16e	X	
	Julien CAIN	, rue de Monceau 8e	X	
INV 75 87.	Léon NOEL	, rue Casimir Périer 7e	X	
727 64 17.	Pierre LYAUTEY	bd, Flandrin 16e	X	
	Jean de BEER	, rue du colonel Moll 17e	X	
MOL 0896.	Martial GUEROULT	, rue Jacqueline Boulogne	X	oui

Ecrivains

MON 80 03.	André BEAUDIN	square de Clignancourt 18e	X	non
	Pierre EMMANUEL	, rue de Varenne 7e	X	oui
KLE 23 10.	Michel DROIT	, rue d'Eylau 16e	X	oui
548 29 91.	Luc ESTANG	, rue de l'Université 7e	X	oui
704 50 67.	Jean DUTOURD	, avenue Kléber 16e	X	
ELY. 80.00 (Figaro)	André FROSSARD	, bd du Château Neuilly	X	
	André GILLOIS	, avenue G. Mandel 16e	en voyage	
LEC 97 32.	Pierre Jean JOUVE	, rue Antoine Chantin 14e	X	oui
	Lorrain Noël KEMSKY	, rue des Martyrs 9e		
	André ROUSSIN	, rue Gutemberg Boulogne	X	
PAS 11 59.	Louis MARTIN CHAUFFIER	, avenue Georges Mandel 16e ← ne signe plus que ce qu'il écrit.	X	oui
	Raymond ESCHOLIER	, rue Bonaparte 6e	X	oui
	Jean Pierre FRAYSSINHES	, rue Camou 7e		
	Claude MAURIAC	, quai de Béthune 4e	X	
MIR 85 80.	Françoise PARTURIER	, rue Chardon Lagache 16e	X	non
	Maurice CLAVEL	, rue Liancourt 14e		
	Frédéric GRENDEL	, rue Desaix 15e	X	
POR 24 50.	Stanislas FUMET	, rue Linné 5e	X	non

accompagne de manière musclée les candidats de la majorité. L'affaire fait grand bruit lorsque surviennent des accrochages avec des partis adverses, et surtout lors des violences de l'entre-deux tours : le 24 juin, deux cheminots sont blessés par balle à Clichy-Levallois ; le 29 juin, Marc Lanvin, colleur d'affiches du PCF, est tué. Jacques Foccart, qui sent que le SAC dérape, procède après les élections à sa reprise en main.

La campagne est aussi l'occasion de ressouder la famille nationaliste, brisée par l'indépendance de l'Algérie. Un nouveau « parti de l'Ordre » se recompose : les anciens réprouvés de l'Algérie française et de l'OAS se rapprochent du gaullisme dans les plis de Mai 68, contre la « chienlit ». À la demande des gens de Foccart, le mercenaire Bob Denard mobilise ses camarades pour devenir colleurs d'affiches à Paris.

La stratégie gaulliste triomphe les 23 et 30 juin 1968, avec une sincère adhésion populaire et provinciale face à « l'émotion » parisienne de mai. Pourtant, derrière cette remise en ordre au nom de la « France profonde », le camp présidentiel a su convoquer un répertoire autant légal qu'informel, vite passé sous silence pour proposer un récit binaire : l'ordre à droite, le désordre à gauche. Un seul vestige légal reste de cette histoire : la loi 68-697 du 31 juillet 1968 portant amnistie des condamnés de l'OAS, ultime partie émergée de cette histoire.

Mensuel d'information *Démocrates*, n° 2, mai 1968

Cette brochure est éditée par l'Union des démocrates pour la République (UDR). Soutien résolu et assumé du général de Gaulle, le parti utilise dans ses outils de promotion un graphisme moderne résolument tricolore.
Arch. nat., 5AG(F)/275

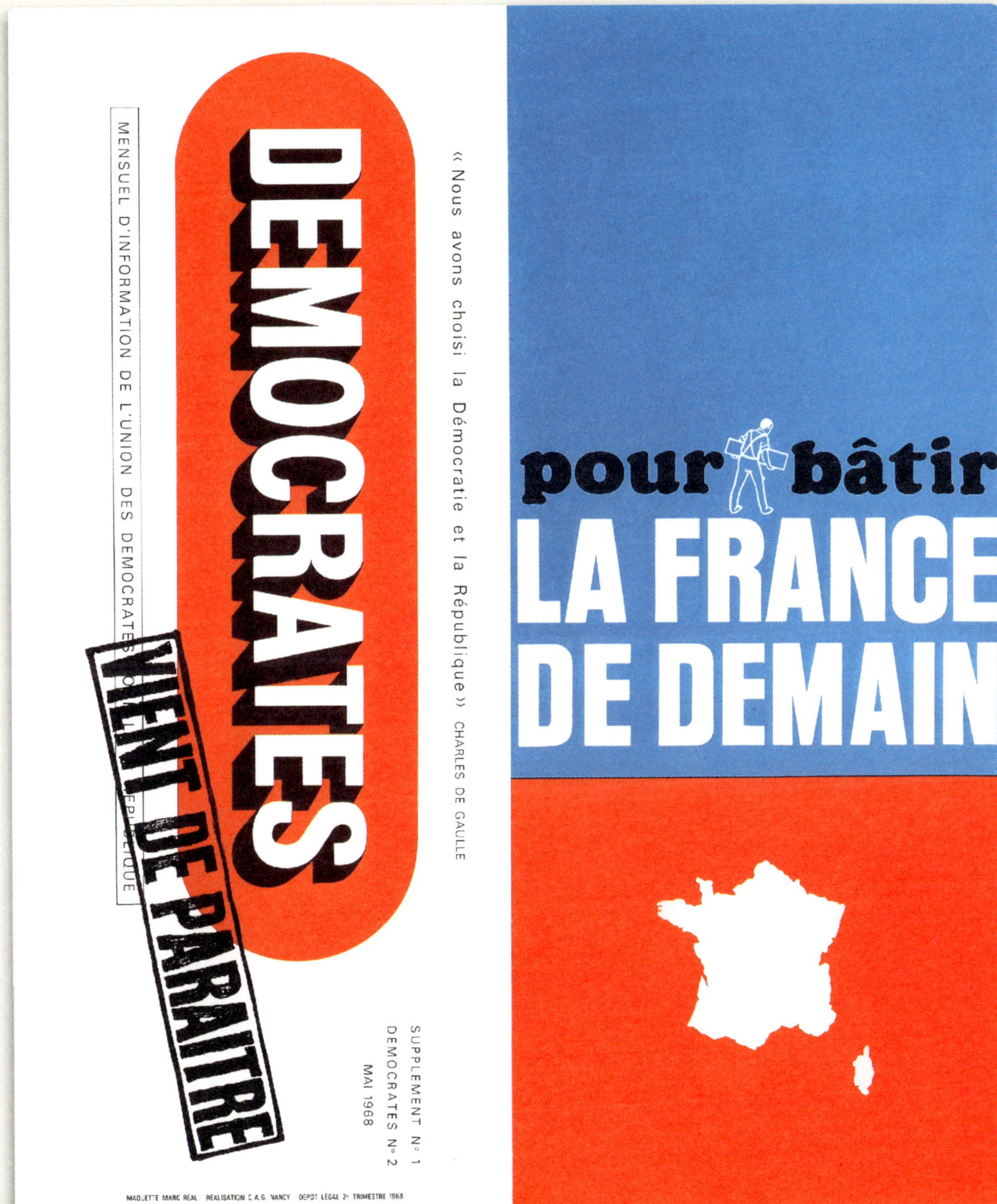
DEMOCRATES
MENSUEL D'INFORMATION DE L'UNION DES DEMOCRATES
« Nous avons choisi la Démocratie et la République » CHARLES DE GAULLE
VIENT DE PARAITRE
SUPPLEMENT N° 1
DEMOCRATES N° 2
MAI 1968
MAQUETTE MARC RÉAL RÉALISATION C.A.G. NANCY DEPOT LÉGAL 2e TRIMESTRE 1968
pour bâtir
LA FRANCE
DE DEMAIN

halte
AU COMMUNISME TOTALITAIRE
oui
A LA DEFENSE DE LA REPUBLIQUE
CDR 5, rue de Solférino

le PCF
est là Pour Couler la France

LE PDM
c'est le Parti Des Mous

Tracts gaullistes de la campagne législative, juin 1968

La campagne législative donne lieu à une importante production imprimée visant à rassembler les électeurs autour de l'UNR et à les détourner d'autres organisations politiques. Y sont ainsi caricaturés Progrès et démocratie moderne (PDM, mouvement centriste) et le Parti communiste, dont Waldeck Rochet est alors secrétaire général.
Arch. nat., 78AJ/36

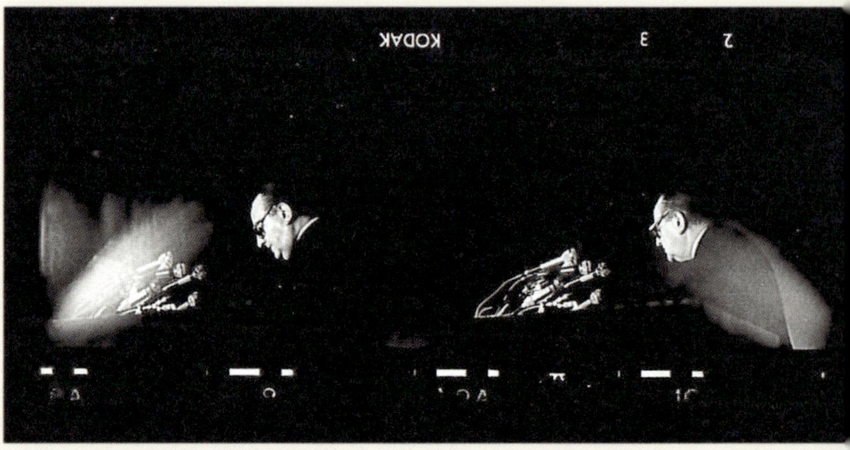

RÉPU

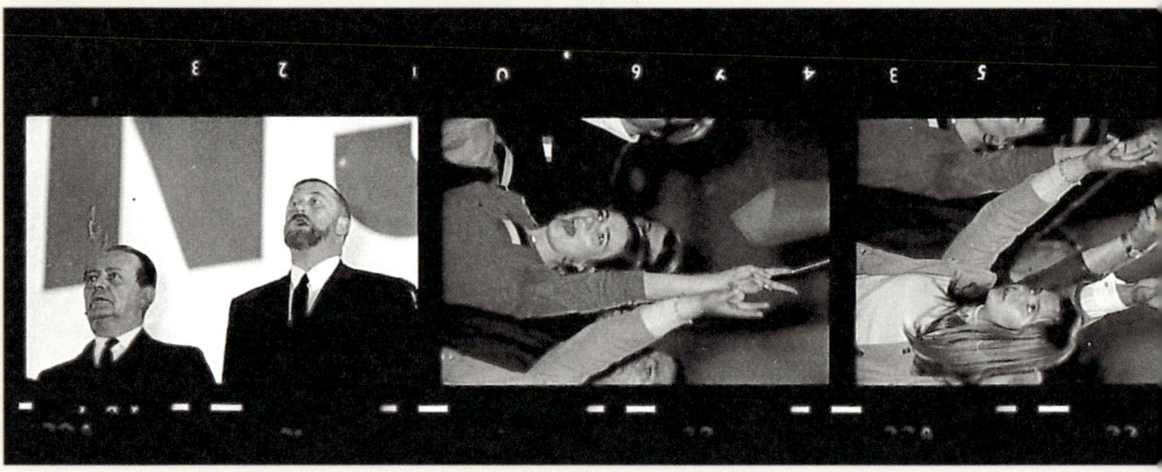

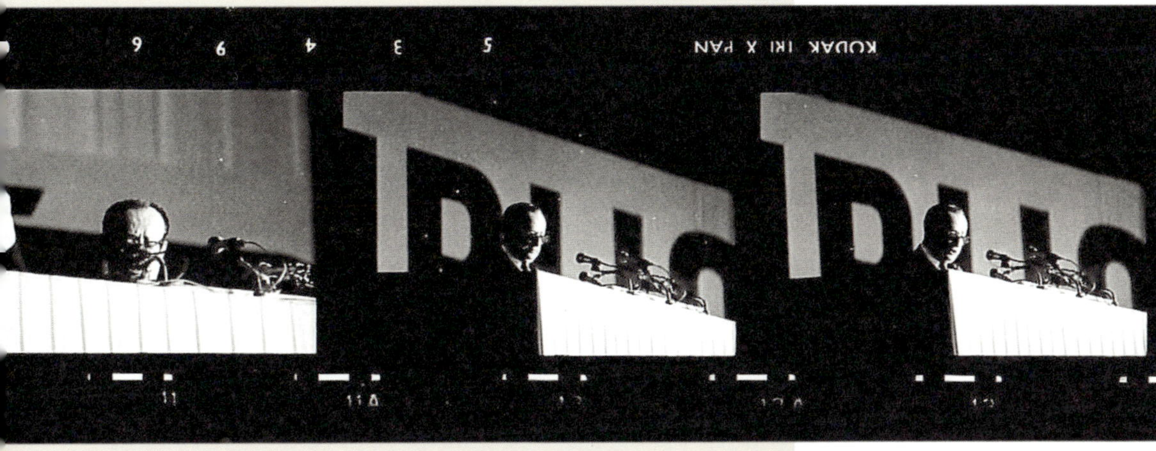

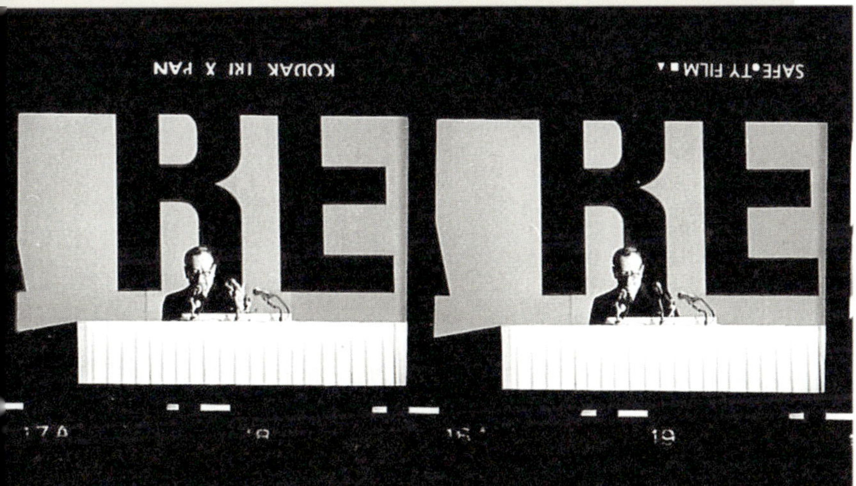

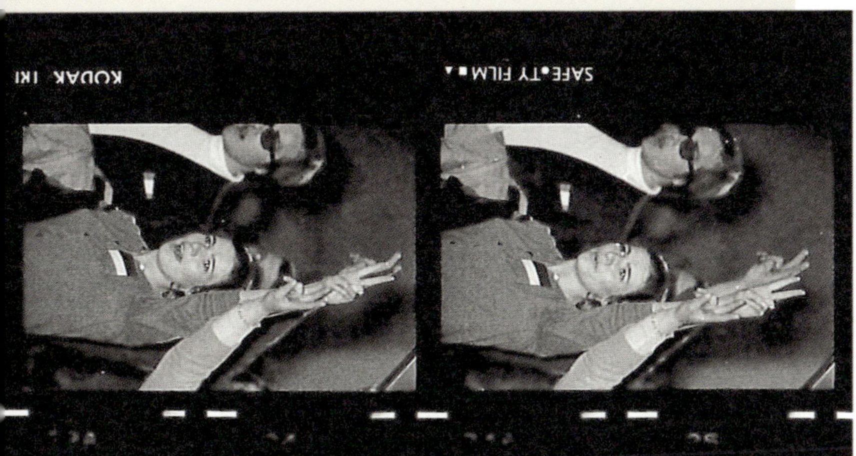

André Malraux lors d'un meeting gaulliste, 20 juin 1968

Durant la campagne pour les élections législatives, se tient au parc des expositions de Versailles, le 20 juin 1968, un meeting des CDR. Malraux, ministre des Affaires culturelles, « venu y parler du destin de la France », prononce une allocution appelant à dépasser les rivalités partisanes et à se rassembler autour du général de Gaulle, seul capable de « supporter les conséquences des grèves ».
Arch. nat., 99AS/5

CHAPITRE 3

Réprimer

L'acte le plus autoritaire du printemps 1968 réside dans le décret du 12 juin 1968. En interdisant les principales organisations d'extrême gauche, le chef du gouvernement affirme sa détermination à mener la vie dure aux « gauchistes ». Alors que le préfet de police Grimaud avait pris soin de ne pas abuser de la force, enjoignant ses troupes à la mesure lors des grandes manifestations de mai, la lutte policière contre les groupuscules s'intensifie après une série d'affrontements, notamment entre l'extrême gauche et l'extrême droite (Occident). À partir des commissions rogatoires et des réquisitions préfectorales du 14 juin, consécutives au décret du 12, la police multiplie les perquisitions chez les particuliers à la recherche des militants passés à la clandestinité, et les périodiques qu'ils diffusent sont interdits. De nombreux activistes appartenant principalement au mouvement trotskiste (Jeunesse communiste révolutionnaire) et aux différentes obédiences maoïstes (dont l'Union des jeunesses communistes marxistes-léninistes) sont arrêtés et emprisonnés. Certains sont poursuivis et condamnés par la Cour de sûreté de l'État, la plus haute instance judiciaire française. Cette politique répressive se poursuit, après la démission du général de Gaulle en 1969, avec Georges Pompidou devenu Président et son ministre de l'Intérieur, Raymond Marcellin, qui a succédé à Christian Fouchet, démissionné le 31 mai.

MINISTERE DE L'INTERIEUR

MESSAGE DEPART A CHIFFRER

EXPEDITEUR : MINISTRE INTERIEUR

DESTINATAIRES : TOUS COMMANDANTS GROUPEMENT C.R.S.
en communication : Tous Préfets métropole Cabinet

S E C R E T

Circulaire n° 68-215 du 25 Mai 1968

Compte tenu du caractère violent des opérations de maintien de l'ordre en cours les grenades offensives du stock de sécurité des compagnies seront comprises désormais dans les moyens opérationnels de ces formations stop. Il est rappelé que l'utilisation de ces grenades entre dans le cadre juridique de l'usage des armes et non dans celui du déploiement de la force physique où se situe l'emploi des grenades lacrymogènes stop. Signé FOUCHET FIN.

Les compagnies républicaines de sécurité en action

Un télégramme secret, daté du 25 mai et signé par le ministre de l'Intérieur Christian Fouchet, définit strictement le cadre d'utilisation des gaz lacrymogènes par les CRS. Une réglementation fixe la tenue : masque à gaz, matraque, casque. Ce dernier, d'abord noir, est remplacé en 1968 par un casque à visière muni de deux bandes jaunes qui les distinguent des autres unités de police.

Arch. nat., 588AP/17 et musée des Compagnies républicaines de sécurité

10-11 juin 1968

Des luttes mortelles

Par Michelle Zancarini-Fournel

Contrairement aux idées reçues qui donnent au « joli mois de mai » une allure hédoniste, il y eut des violences et des morts en mai-juin 1968. Le chiffre probable est de sept décès : un commissaire de police à Lyon, un homme tué par un éclat de grenade à Paris le 24 mai, un jeune ouvrier abattu dans le Calvados le 30 mai, un lycéen noyé le 10 juin, deux ouvriers tués à Sochaux le 11 juin, et un colleur d'affiches du PCF à Arras le 30 juin lors du second tour de la campagne électorale.

Le 10 juin 1968, dans le cadre des affrontements qui se déroulent aux environs de l'usine Renault de Flins, Gilles Tautin, un lycéen parisien de 17 ans, militant de l'Union des jeunesses communistes marxistes-léninistes, meurt noyé à la suite d'une charge des gendarmes. Après avoir garé discrètement leur estafette aux environs de l'usine en grève et s'être divisées en deux colonnes, les forces de l'ordre avaient encerclé les jeunes gens venus apporter leur soutien aux ouvriers, les contraignant à se jeter à l'eau près du pont des Mureaux à Meulan pour leur échapper. Gilles Tautin, un temps soutenu dans l'eau par un de ses camarades, perd pied et se noie.

À Sochaux, le 11 juin, CRS et gardes mobiles, arrivés en force dans la nuit, mènent une bataille rangée contre les ouvriers de l'usine

Enquête sur la mort de Gilles Tautin

Ce jeune lycéen militant est mort noyé dans la Seine à proximité de l'usine Renault de Flins lors d'une course-poursuite avec les forces de l'ordre, le 10 juin 1968. La police judiciaire de Versailles est chargée de l'enquête visant à déterminer les causes de sa mort et la responsabilité ou non des forces de l'ordre.
Arch. nat., 78AJ/37 (p. 153) et 19980099/47 (p. 155)

Peugeot qui s'apprêtaient à reprendre le travail. Pierre Beylot, un ouvrier de 24 ans, est tué dans la matinée par une balle policière. Quelques heures plus tard, Henri Blanchet, un ouvrier de 49 ans, est touché par une grenade : il tombe et se tue dans sa chute. Les ouvriers s'en prennent alors au symbole du pouvoir patronal, le Cercle, destiné à accueillir les visiteurs de marque.

Tautin, Beylot, Blanchet : trois morts lors des grèves dans l'automobile où les ouvriers hésitent à reprendre le travail face à l'intransigeance des patrons. L'État avait pourtant compté sur les débuts de la campagne électorale des élections législatives pour que syndicats et partis rentrent dans le rang. Ces violences policières ne sont supportées ni par les ouvriers ni par les étudiants venus les soutenir. À Renault-Flins comme chez Peugeot à Sochaux-Montbéliard, la grève est immédiatement relancée. Elle va durer encore dix jours et les directions d'entreprise vont devoir accorder des concessions pour obtenir la reprise du travail. Les combats se déroulent dans les champs qui entourent les usines et dans les cités nouvellement construites.

Après les morts de Meulan et de Sochaux, une série de violentes manifestations ont lieu autour des gares parisiennes et au Quartier latin, avec de nouvelles barricades dans la nuit du 11 au 12 juin ; elles sont longuement montrées à la télévision pour faire réprouver par les téléspectateurs les violences étudiantes. Le lendemain, les mouvements d'extrême gauche sont dissous par le gouvernement. Le compromis républicain, lui, triomphe avec les élections législatives du 30 juin.

DIRECTION GÉNÉRALE
DE LA SURETÉ NATIONALE

SERVICE RÉGIONAL
DE POLICE JUDICIAIRE de VERSAILLES

SERVICE RÉGIONAL D'IDENTITÉ JUDICIAIRE

N°

Versailles le Ier Juillet 1968

ÉTAT DE LIEUX

RECHERCHES DES CAUSES DE LA MORT

De T A U T I N Gilles

né le 2I Décembre 1950 à PARIS 16°

Demeurant 35 Square DU RHONE à PARIS I7°

-:-:-:-:-

RETIRE DE LA SEINE à MEULAN Le IO Juin 1968

-:-:-:-:-:-:-:-

VU et ANNEXÉ au P.V. N° 443/65
du 11-6-68

MINISTÈRE DE L'INTÉRIEUR — SURETÉ NATIONALE

Photographies ~~Rapport~~ de M. [redacted] ~~Henri, O.P.A~~
Service de l'Identité Judiciaire de VERSAILLES

Modèle A.

Lieux des faits.-

L'état des lieux photographique, 1er juillet 1968

Les photographies de police judiciaire s'inscrivent dans un cadre géographique précis. Chaque tirage est numéroté. Le numéro est ensuite reporté en rouge sur la carte de situation qui ouvre l'état des lieux.
Arch. nat., 19980099/47 (pp. 156-159)

5

Vue du Pont et emplacement au pied de pile d'où les jeunes se sont jetés à l'eau.-

Emplacement de la pile de pont où les jeunes se sont mis à l'eau.-

7

Abords vaseux de la rive opposée.-

9

Visibilité du témoin Roger.-

(Vue prise de l'emplacement du témoin)

Jours de deuil

À la mort de Gilles Tautin le 10 juin, succèdent les morts de Pierre Beylot et Henri Blanchet aux usines Peugeot de Sochaux. Les trois enterrements, retransmis aux Actualités françaises, le 19 juin, drainent une foule immense, notamment celui de Gilles Tautin au cimetière des Batignolles.
INA, AFE86001205 et AFE09000448

12 juin 1968

Combattre le « gauchisme »

Par Michelle Zancarini-Fournel

Nommé par le général de Gaulle au lendemain du discours du 30 mai, le ministre de l'Intérieur Raymond Marcellin mène sans relâche une politique d'ordre qui reste globalement dans un cadre légal. Une des premières mesures prises par le gouvernement à la demande du ministre est, en vertu de la loi du 10 janvier 1936 sur les groupes de combat et les milices privées, la dissolution, par décret du 12 juin 1968, de plusieurs mouvements révolutionnaires. Le même groupe trotskiste est dissous sous trois noms différents (Révoltes, la Fédération des étudiants révolutionnaires, le Comité de liaison des étudiants révolutionnaires), ce qui démontre une connaissance encore approximative des organisations d'extrême gauche par les services policiers. Ce décret donne lieu, « en application du code de procédure pénale », à une série d'interpellations suivies de gardes à vue plus ou moins longues (de deux à une dizaine de jours) et parfois de mises à disposition devant la Cour de sûreté de l'État. Après instruction et inculpation, les militants de la JCR (Jeunesse communiste révolutionnaire), de l'UJCml (Union des jeunesses communistes marxistes léninistes) et du Mouvement du 22 mars sont remis en liberté provisoire.

Dès le 12 juin, le ministre de l'Intérieur oriente l'activité des Renseignements généraux vers la constitution de fichiers des membres

Les groupements d'extrême gauche dissous, 12 juin 1968

Les morts de Gilles Tautin, Pierre Beylot et Henri Blanchet, les 10 et 11 juin, suscitent un regain de violence, prétexte au décret du 12 juin qui interdit onze organisations d'extrême gauche et marque le début d'une forte répression. Le mouvement d'extrême droite Occident, lui, sera dissous par décret du 31 octobre 1968.
Arch. nat., 20100357/62

MINISTERE DE L'INTERIEUR

DECRET du 12 JUIN 1968

PORTANT DISSOLUTION D'ORGANISMES ET DE GROUPEMENTS

-:-:-:-:-:-

LE PRESIDENT DE LA REPUBLIQUE

SUR le rapport du PREMIER MINISTRE et du MINISTRE de l'INTERIEUR,

VU le décret du 5 Novembre 1870 et, notamment, son article 2

VU la loi du 10 Janvier 1936 modifiée sur les groupes de combat et milices privées,

LE Conseil des Ministres entendu,

DECRETE

ARTICLE Ier -

Sont et demeurent dissous les organismes et groupements ci-après :

- Jeunesse Communiste Révolutionnaire (J.C.R.)
- Voix Ouvrière - siège : 29 rue Château Landon à PARIS
- Groupe "Révoltes"
- Fédération des Etudiants Révolutionnaires (F.E.R.)
- Comité de Liaison des Etudiants Révolutionnaires (C.L.E.R.)
- Union des Jeunesses Communistes Marxistes Léninistes (UJCLM) siège : 64, Av. Bosquet - PARIS 7°
- Parti Communiste Internationaliste (P.C.I.) siège : 95, Fg Saint Martin - PARIS
- Parti Communiste Marxiste-Léniniste de France (P.C.L.M.F.) siège : 40, Bld Magenta - PARIS
- Fédération de la Jeunesse Révolutionnaire - siège : 44 rue des Graviers - PARIS
- Organisation Communiste Internationaliste (O.C.I.) - siège : 39, rue du Fg du Temple - PARIS
- Mouvement du 22 mars.

J.O. N° 138 13 JUIN 1968

.../...

des « mouvements révolutionnaires » à surveiller, des personnes à mettre en observation aux frontières (Alain Geismar, secrétaire du Snesup, en partance pour Berlin est interpellé à Orly), des étrangers « suspects » (près de deux cents sont expulsés, à l'exception des Espagnols interpellés qui ne sont pas renvoyés dans l'Espagne franquiste, mais assignés à résidence). Chaque préfet se doit de former un groupe régional de liaison entre les différents services de police et de sécurité militaire pour alimenter les fichiers centraux. Ainsi le 14 juin, sont arrêtés à Mâcon cinq « Katangais » de la Sorbonne, un service d'ordre autodésigné, largement incontrôlé, nommé en référence aux mercenaires de la province congolaise du Katanga. La veille, des étudiants les avaient expulsés de la faculté. Trois sont incarcérés pour délit de droit commun, les deux autres sont relâchés. Les préfets des Bouches-du-Rhône, du Lot, de l'Oise, de la Haute-Vienne, de la Loire-Atlantique, de la Haute-Savoie, du Loiret, de la Meurthe-et-Moselle, du Morbihan, de l'Aube et du Vaucluse font arrêter des militants dans leur département, la plupart libérés après audition. Mais cela prouve la diffusion de la contestation sur tout le territoire. Au nom de la défense de la République et de ses institutions, Raymond Marcellin, servi par une longue présence au ministère de l'Intérieur (31 mai 1968-1er mars 1974), met en place un véritable régime policier dans « les années 68 ».

Violences entre étudiants et CRS, Paris, 16 juin 1968

Le 16 juin, le ministre de l'Intérieur fait évacuer la Sorbonne par la police. Les autres universités du Quartier latin sont, elles, encore aux mains des étudiants.

AFFRONTEMENTS ,ETUDIANTS ET FORCES DE L'ORDRE APRES L'EVACUATION DE LA SORBONNE.

- - - - - - - - - -

Cet apres-midi sur la requète du Ministère de l'Intérieur,apres le transport d'un jeune étudiant blèssé d'un coup de couteau de l'infirmerie de la Sorbonne à l'Hotel Dieu,les Forces de l'Ordre,ont occupé les locaux de la Sorbonne.Peu apres, de nombreux étudiants se sont réunis sur le Boulevard St-Michel au Carrefour Saint-Germain et se sont affrontés avec la police,lapidant celb-ci avec des pierres et autres projectiles,les forces de l'ordre ont riposté à coup de grenades lacrymogènes.

NPM:La police dégage le Boulevard Saint Michel.

93.577 AFP PHOTO 16.6.68

APPLICATION DE L'ARTICLE 30 DU CODE D

PREFECTURE	*DATE DE LA REQUISITION*	*INTERPELLATIONS*
Préfet de Police	*14.6.1968*	*24 interpellations concernant des membr de diverses organisations dissoutes par l Décret du 12. 6.1968 dont 23 gardés à vu le 14 juin (parmi lesquelles 4 américains*
		1 interpellation le 16 juin à Savigny s/Or [illegible]
		1 interpellation le 16 juin à Paris : [illegible]
		1 interpellation le 16 juin à Versailles : [illegible]
		INTERPELLATION le 19 JUIN à PARIS de
		3 interpellations le 21 juin : [illegible]
		1 interpellation à Paris le 6 juillet : [illegible]*, membre des comités d'action lycéens*
	1.7.1968 (en liaison avec réquisition du préfet du Vaucluse.	*7 ressortissants espagnols interpellés le 2.7.68 (parti communiste marxiste-léniniste espagnol)*

PROCEDURE PENALE

SUITE DONNEE

10 gardes à vue levées le 15 juin
(dont 4 américains)
7 gardes à vue levées le 16 juin
2 " " 21 juin
2 " " 22 juin
2 " " 24 juin

Garde à vue levée
Déféré au parquet de Corbeil pour vol

Garde à vue levée le 25 juin

Garde à vue levée

INFORMATION A la CSE Mouvement du
22 MARS _ RI 24-6-68 8 INCULPES mis en LP

Garde à vue levée le 22 juin
Garde à vue levée le 24 juin
Garde à vue levée le 25 juin (expulsé)

Garde à vue levée le 8 juillet

Garde à vue non renouvelée à l'issue du
premier délai de 48 heures

Des militants gauchistes poursuivis, [juillet 1968]

L'application du décret du 12 juin, portant sur la dissolution des mouvements d'extrême gauche, permet de poursuivre les militants pour atteinte à la sûreté de l'État. Dès lors, l'article 30 du code de procédure pénale (loi du 15 janvier 1963) s'applique et intime l'ordre aux préfectures de transférer dans les quarante-huit heures de l'ouverture des opérations les affaires concernées à la Cour de sûreté de l'État.
Ce tableau récapitule, préfecture par préfecture, les affaires concernées, les interpellations liées et les suites données. Arrestations, perquisitions et saisies au domicile se multiplient.
Arch. nat., AG/5(1)/2227

(Pr-3) PARIS, Juin I4(AP) Les forces de police o
Théatre de l'Odeon occupé par les étudiants. A
atre ont ete barrées ce matin de bonne heure.(A

Le théâtre de l'Odéon évacué, 14 juin 1968

Le 15 mai 1968, le théâtre de France, dirigé par Jean-Louis Barrault, reçoit les ballets américains de Paul Taylor. À la fin du spectacle, vers 23 heures, un millier de personnes envahit les locaux. Pendant près d'un mois, les affiches placardées sur les murs proclament que « l'imagination prend le pouvoir à l'ex-théâtre de France ». L'Odéon, situé à quelques dizaines de mètres du palais du Luxembourg et donc du Sénat, devient le lieu d'un « meeting ouvriers-étudiants permanent ». Ce n'est que le 14 juin que la police procède à son évacuation.
Arch. nat., 20010163/2

CHAPITRE 4

Saisir

Les documents saisis en mai-juin 1968 et conservés aux Archives nationales composent une masse considérable qui constitue son imposant double de papier. Ce geste inédit de saisie résulte d'acteurs incarnant une facette de l'autorité mise en cause au cours de ce printemps. La police d'abord qui, avec zèle, collecte non seulement tracts et affiches mais aussi, lorsqu'elle « investit » un lieu (local syndical, appartement privé, faculté, etc.), ramasse tout ce qu'elle trouve, le transcrit, le reproduit et l'ordonne en dossier. Il arrive qu'elle trouve aussi des papiers brûlés : qu'importe, elle les place alors dans une enveloppe en indiquant la provenance. De ces saisies, les policiers font des synthèses qui viennent nourrir les dossiers de renseignement voire, dans un second temps, l'instruction. Le caractère autoritaire de la saisie – dans ce que ce geste peut être interprété comme une dépossession, voire une spoliation – n'empêche pas non plus certains historiens ou chercheurs de constituer des collections. La saisie est ainsi également l'affaire d'archivistes, de professionnels du patrimoine (bibliothécaires) dont certains se rendent sur les lieux et opèrent de véritables collectes *de facto*. De ce point de vue encore, la continuité des services de l'État n'est pas interrompue.

27 juin 1968

Le journal de bord des Beaux-Arts

Par Philippe Artières

Le 13 mai 1968, jour de grève générale et d'une manifestation d'un million d'étudiants, d'ouvriers et de lycéens, le comité de grève de l'École des beaux-arts déclare son intention d'occuper le bâtiment. Rebaptisée « ex-École des beaux-arts », un groupe constitué essentiellement d'anciens étudiants, improvise à partir du 15 mai un centre de création d'affiches dans l'atelier de lithographie : la première *Usines Universités Union*, est tirée à quelque trente exemplaires. Le 16 mai, à l'initiative du peintre et sculpteur Guy de Rougemont, l'atelier adopte la sérigraphie, qui permet de reproduire plus rapidement et en bien plus grand nombre. Pendant plus d'un mois, plusieurs centaines d'affiches sont ainsi réalisées.

Ce qui se nomme désormais l'Atelier populaire des Beaux-Arts est loin d'être un espace inorganisé. Le fonctionnement est régi par des règles : chaque projet d'affiche fait l'objet d'un examen collectif, nombreux sont ceux qui sont refusés. L'essentiel est d'être au plus près des luttes et de répondre à la demande de tel ou tel mouvement de grève. Par les affiches, il s'agit de populariser les luttes, de celle des Postes à celle des bateliers, en passant par la dénonciation des violences policières. Elles doivent constituer le journal mural du front de luttes. Il est probable que le modèle de l'Imprimerie nationale pendant la Commune de Paris en 1871 ait inspiré les initiateurs de cette entreprise.

Cahier de l'Atelier populaire des Beaux-Arts, 15-26 mai 1968

Aux Beaux-Arts occupés depuis le 14 mai, la vie s'organise. Un comité d'intendance est créé, chargé de la logistique. Jusqu'à l'entrée des forces de l'ordre dans l'école, le 27 juin, tout est consigné dans deux cahiers, qui sont collectés le lendemain par Michel Quétin et Jean-Pierre Babelon des Archives nationales.

Arch. nat., 78AJ/37 (pp. 173, 176-179)

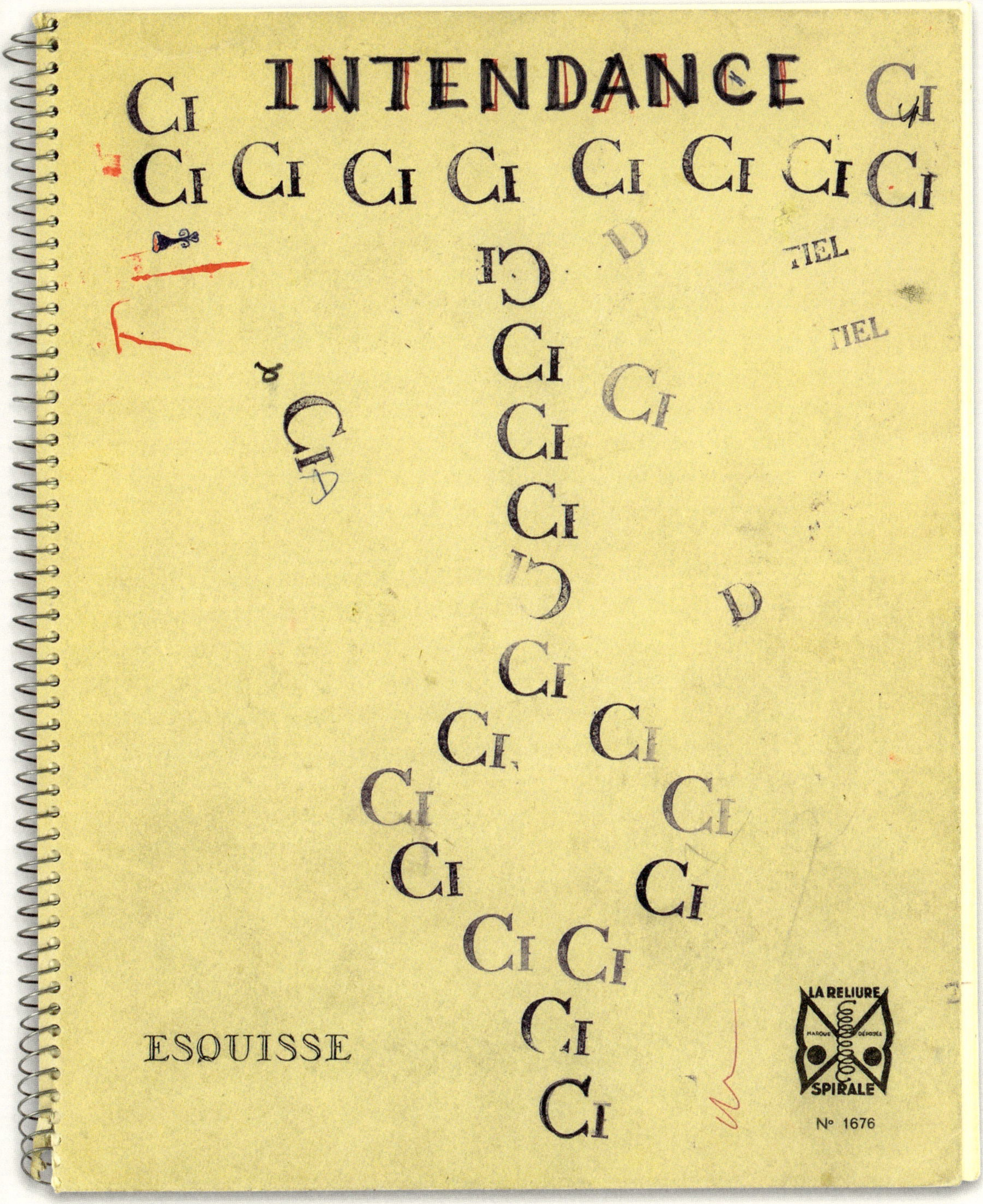
INTENDANCE
CI
CI CI CI CI CI CI CI CI
TIEL
TIEL
D
D
CI
ESQUISSE
LA RELIURE
MARQUE DÉPOSÉE
SPIRALE
N° 1676

Très vite, sans doute parce que bon nombre de membres sont des architectes ou d'anciens élèves plus âgés, une administration de l'Atelier est mise en place pour être à la hauteur de l'ambition. Chaque jour, on fait les comptes : quantités de papier et d'encres nécessaires, mais aussi de tabac et de vin. Tout est consigné dans un cahier de liaison, sorte de main courante, qui permet à l'Atelier de fonctionner quasiment en continu. On peut y lire des notations très ponctuelles : « rappelez Jussieu », « réveillez J. à 9 h... ». Chaque page quotidienne est généralement organisée en deux colonnes : « À faire » et « Observations ». L'essentiel porte sur l'intendance : il est question de réchauds à butane, duvets, lits de camp et surtout du maintien, dans les locaux occupés, de la propreté et de l'hygiène. Un scripteur suggère « de prendre contact avec le personnel de l'école responsable des locaux poubelles », un autre de « faire brûler de l'eucalyptus pendant deux heures dans la pièce vide après avoir aéré longuement. » Reste le problème de nourrir tous les occupants : la proximité des Halles, sur l'autre rive de la Seine, donne lieu à des listes de provisions : « lait, charcuterie, oranges, pommes... », pour un total de 157,12 francs.

Au total, ce sont plus de trois cents affiches que l'Atelier populaire des Beaux-Arts produit en un peu plus d'un mois et dans des quantités considérables (parfois plusieurs milliers d'exemplaires par affiche). Cette remarquable efficacité de l'Atelier a payé. Les murs de Paris et de sa banlieue en sont recouverts ; ces affiches deviennent très vite l'identité graphique de 1968 dans l'histoire.

EVACUATION DE L'ECOLE DES BEAUX-ARTS AUX PREMIERES HEURES
DE LA MATINEE - NPM : DES FORCES DE POLICE INTERDISANT LA
CIRUULATION VERS 5 HEURES - AFP 716

Des oeufs durs -

~~970~~
930
2400

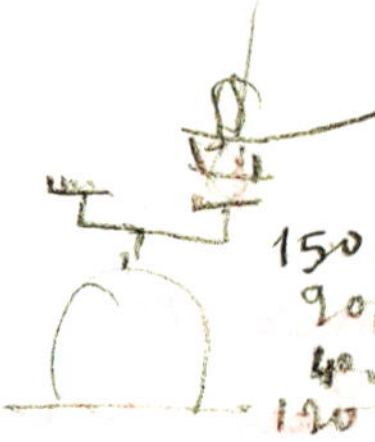

- du café — 25 pots.
- du vin — 60 litres
- du sucre — 20 Kg
- du riz long — en tendre 2 Kgs — ~~5~~ à 6 Kg
- ~~des pâtes~~ (coquillettes ou papillons) 10 Kg
- du concentré de tomate — 3 grosses boîtes
- du thé ~~(sachets)~~ 3 paquets
- du chocolat en poudre — 5 grandes boîtes
- du lait concentré (non sucré). — 20 grandes boîtes (~~à 1 F~~).
- du ~~sel~~ gros (1 petit paquet) - du sel fin
- confiture — 1 pot de 5 Kg.
- allumettes — 1 grosse boîte de cuisine

5 grandes boîtes de pâté de foie -

\+ 20 Kg d'oranges
6 Kg tomates
4 Kg pommes

150.000
90.000
40.000
120.000
150.000
1500
2100
2400
2000
1000

lait	15,32	85	
charcuterie	101,15	x17	
oranges	27,00	515	
pommes	13.65	85	
		13.65	
	157,12		

150,00
90,00
40,00
120,00
150,00
15,00
21,00
24,00
20,00
10,00

640,00 → 800,00

Sorti 810,00 pour les provisions

MARDI 21 MAI 1968

A FAIRE	OBSERVATIONS.
Faire faire une affiche pour inscrire pour les duvets et les lits de camp – 1.	en Assemblée générale. (le dire au comité de grève pour ordre du jour)
Demander des réchauds à butane	
Envoyer 50 mecs à 9h-1/4 au conseil régional 9 rue de Chaillot.	Rémy, Albert à 9h-1/2 la secrétaire arrive. Entrer en même temps qu'elle et envahir les locaux. Y rester On ferait un roulement.
Acheter en gros aux Halles si possible. + 1 paquet de gros sel 1 —— de sel fin ~~du concentré de tomate~~ ?? allumettes (1 grosse boîte de cuisine)	
Dortoirs } désinfection préventive (poudre) Poubelles Pharmacie vitamines angines.	– Demander les consignes à l'école de Médecine ou envoyer un médecin pour voir – prendre contact avec le personnel de l'école responsable des locaux pour ventiler
Réveiller Sophie (même sandwich) à 16 heures elle dort dans le cagibi du bureau de l'interstellaire.	
S'occuper de l'entretien (Françoise et un camarade)	
DORTOIRS aérer (personne dedans) de 16 heures à 18 h. et pendre les sacs et matelas.	Pour désinfecter faire brûler de l'eucalyptus pendant 2h dans la pièce vide après avoir aéré longuement.

TAMISOIE

5, Rue Morand
PARIS XIe
Téléphone : OBE. 24-67

N° 11732

Société à Responsabilité Limitée au Capital de 15.000 NF — R. C. Seine 60 B 3 207 — C. C. P. P 3919-29

MATÉRIEL ET FOURNITURES POUR L'IMPRESSION SÉRIGRAPHIQUE

M Comité de Grève des Beaux Arts. 17, Quai Malaquais
PARIS (VIe) — Le 18 Juin 1968

1	litre laque Tamisol + [illegible]		18.50
2	litres [illegible] bleu [illegible]	18.00	36.00
5	[illegible] 20 en [illegible]	29.00	145.00
1	[illegible] bleu vert à l'eau		77.00
			314.50
	Remise 15%		47.1[illegible]
			267.3[illegible]
	TVA 16 2/3% 20%		53.[illegible]
			320.[illegible]

PRIORITE ESSENCE

- Service Personnel Restau U. (Voir le chef)
- Colleurs d'affiche.
- Service Intendance
- Membres comité grève et responsables.
- Urgences médicales.

31

RESULTATS DES COLLECTES

16 Mai — Collecte ~~[illegible]~~ administratives 488,00 francs.
Collecte 216,77 francs.

17 Mai — Collecte pour les ouvriers. 1022,53 francs.
collecte 300,00 francs.

18 Mai — collecte 904,96 francs.
dans la rue 189,86 francs.

19 Mai — dans les rues
pour le comité d'action 224,67 francs
pour les blessés (de la rue) 669,48 Francs

le buffet est en déficit.

Pour les étudiants et les blessés (de la rue) 1092,75 Francs

2

Buffet
135
6670
135
9169
5000
3000
6060
1150
3871
400
8000
4000
3000
2240
900
10000
1791
505

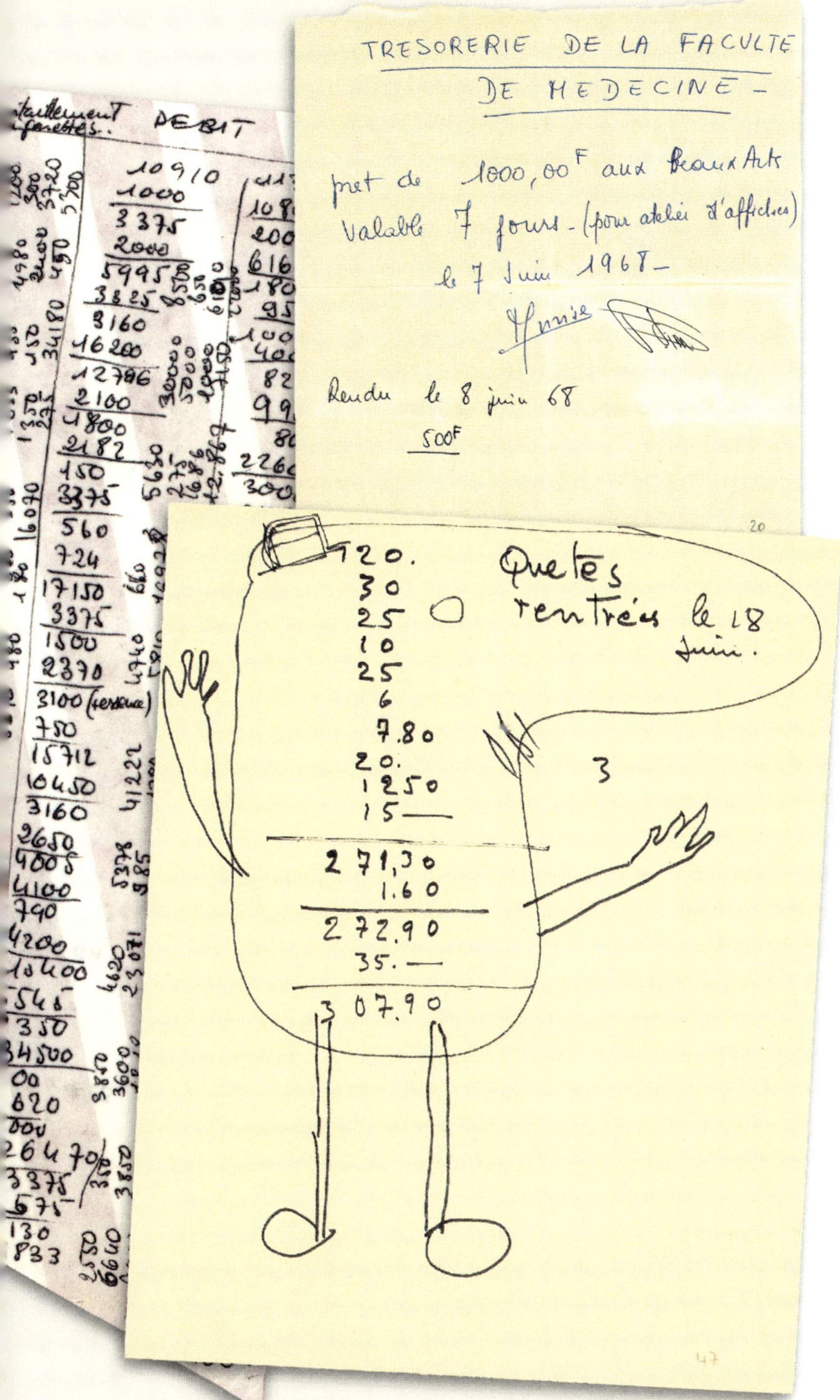

Mots, billets et papillons

Outre la liste quotidienne des tâches à accomplir, les cahiers du comité d'intendance de l'ex-École des beaux-arts de Paris comportent de nombreux billets et papillons insérés entre les pages. Ceux-ci sont autant d'écrits éphémères dessinant une histoire matérielle et financière des occupations du printemps 1968 : s'y côtoient des reçus de comités d'action ou de collectifs, des comptes, des factures, les bilans des collectes réalisées dans le quartier dès le 16 mai. Ils renseignent aussi sur la diffusion des affiches réalisées par l'Atelier populaire des Beaux-Arts : les livraisons d'exemplaires à tel ou tel collectif sont ainsi notées.
Arch. nat., 78AJ/37

27 juin 1968

Le carnet d'Alain Geismar

Par Philippe Artières

Le 27 juin, lors de l'évacuation par la police de l'École des beaux-arts, occupée depuis la mi-mai, un ensemble de saisies est réalisé. Parmi celles-ci, un petit carnet d'adresses laissé là par un propriétaire anonyme. L'identification de la personne n'est pas difficile pour les fonctionnaires de police. Dans une « note concernant le carnet d'adresses découvert dans la main courante tenue par les occupants de la salle Mouvement du 22 mars, à l'École nationale supérieure des Beaux-Arts », la police signale avoir relevé plusieurs indications. Un numéro de permis de conduire et l'immatriculation d'une voiture (qui, après enquête, lui avait appartenu jusqu'en 1967) prouvent que le carnet appartient à l'un des principaux protagonistes de ce printemps agité, un certain Alain Geismar, né en 1939.

Issu d'une famille juive d'origine alsacienne, fils d'un inspecteur de la Banque de France tué sur le front en juin 1940, Alain Geismar, pupille de la Nation, et sa mère ont échappé à la répression antijuive en se cachant en Corrèze puis en Savoie. Entré en 1959 à l'École nationale supérieure des mines de Nancy, puis dans le laboratoire de physique de l'École normale supérieure, il devient docteur d'État en 1966. Alain Geismar s'engage très vite dans les luttes politiques (contre l'intervention soviétique en Hongrie, contre la guerre d'Algérie).

Note concernant le carnet d'adresses trouvé aux Beaux-Arts, 27 juin 1968

Lorsque les forces de l'ordre entrent, le 27 juin, dans l'École des beaux-arts, elles trouvent un carnet d'adresses, attribué à Alain Geismar, figure tutélaire du mouvement contestataire. Une copie en est faite afin d'en permettre l'étude par les agents de la direction centrale des Renseignements généraux.

Arch. nat., F/7/15534 (pp. 181 et 183)

Paris le 27 Juin 1968

M. Grandan
pour exploitation
dans le cadre
d'une future
interpellation
de Geismar.

NOTE concernant le carnet d'adresses découvert dans la "Main-courante" tenue par les occupants de la salle "Mouvement du 22 Mars", à l'Ecole Nationale Supérieure des Beaux-Arts.

On relève dans ce carnet, aux premières pages, les indications suivantes, à l'exclusion de tout nom :

- CARTE d'IDENTITE N° 7721876, délivrée le 27-9-62 par P.P.
On trouve, sous ce numéro, mais à la date du 17-10-62, le titulaire suivant :
Mme [redacted] née [redacted] -
née le [redacted] 1908 à LORIENT (Morbihan)
demeurant 3, ave Georges-Lafenestre PARIS 14°

-PERMIS de CONDUIRE N° 75/506.660 du 15-4-58 par P.P.
délivré à GEISMAR Alain, né le 17 Juillet 1939 à PARIS 16°
demeurant 12 Philibert-Delorme à PARIS 17°

-IMMATRICULATION VOITURE : N° 3316 PK 75 Renault R.1130
Cette voiture appartenait à GEISMAR Alain, demeurant 49, ave de Stalingrad à BAGNOLET. Elle a été mutée le 15 Mars 1967 sous le N° 796 EF 91, nom de propriétaire non communiqué.

GEISMAR Alain a été titulaire de deux cartes d'identité :
- la 1° N° LG 70755 du 21-4-59 qui a été échangée pour une seconde carte, le 27-9-62, N° 7718016. Il peut y avoir eu erreur de transcription dans le N° porté sur le carnet.

Une indication intéressante est le N° de CCP : PARIS/1821876. Mais les vérifications nécessitent en moyenne 8 JOURS.

Membre, un temps, du parti socialiste unifié (PSU), il occupe des fonctions de plus en plus importantes au Syndicat national de l'enseignement supérieur (Snesup) après son élection comme maître-assistant à la faculté des sciences de Paris, puis au CNRS. Il devient l'une des voix des débats sur le système scolaire et universitaire, comme lors du colloque d'Amiens en mars 1968 où il propose notamment une participation des étudiants. À partir du 3 mai 1968, sous son impulsion, le Snesup s'associe avec le Mouvement du 22 mars et l'Unef, le syndicat étudiant, pour participer aux manifestations au Quartier latin. Aux côtés de Daniel Cohn-Bendit et de Jacques Sauvageot, vice-président de l'Unef, il devient le porte-parole de la contestation universitaire notamment sur les radios périphériques. Se sentant en minorité, lors du meeting du stade Charléty, le 27 mai, il abandonne sa responsabilité de secrétaire général du Snesup pour mener un combat plus politique, en relation avec le mouvement ouvrier.

Immédiatement, les agents de la préfecture comprennent qu'ils viennent de faire une excellente prise : le carnet d'Alain Geismar peut contenir des informations précieuses. Aussi, se livrent-ils à un long travail de transcription pour reconstituer le réseau social et politique du syndicaliste. Ils photographient l'objet, décryptent l'écriture, vérifient chacune des informations. Sa famille, sa banque, ses amis, tout y passe. Malgré ce zèle, il est difficile de dire quel usage fut fait de ce carnet : il est probable que les informations furent croisées avec celles déjà collectées et contribuèrent à nourrir le fichier central.

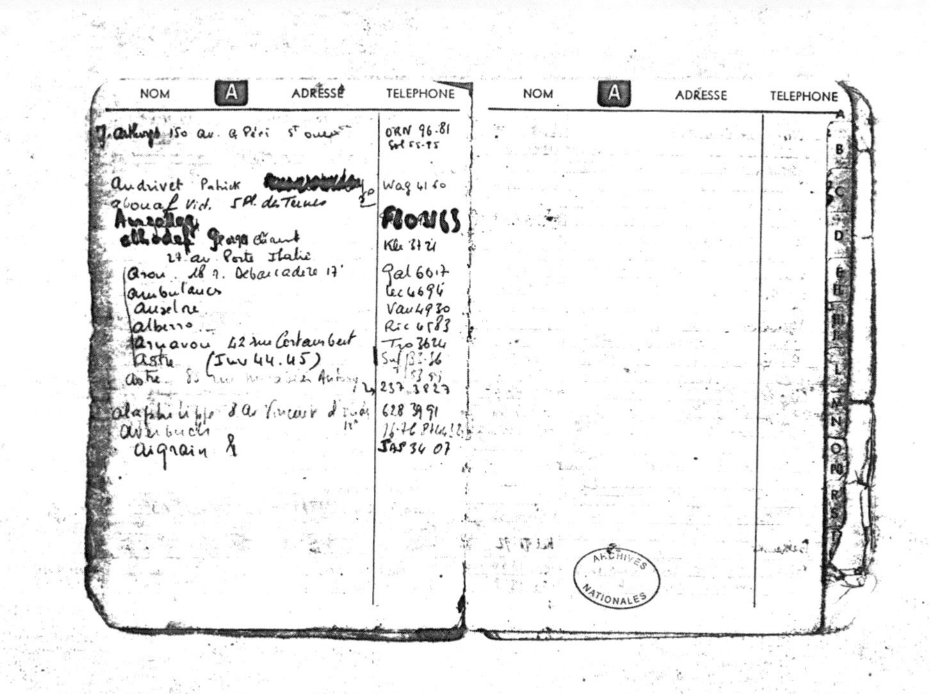

NOM A ADRESSE TELEPHONE
J. Arthuys 150 av. G Péri St Ouen
ORN 96-81
Sol 55-95
Audrivet Patrick [redacted]
Wag 41 60
27 av Porte Italie
Kle 37 21
Gal 60 17
ambulances
Anselme
Aravou 42 rue Cortambert
(Jus 44.45)
628 39 91
Aigrain
JAS 34 07
NOM A ADRESSE TELEPHONE
B
C
D
ARCHIVES NATIONALES

5 juillet 1968

Saisie à la faculté de médecine

Par Franck Veyron

Le 5 juillet, les forces de police pénètrent dans les locaux de la faculté de médecine de Paris pour procéder à son évacuation. Chargées de l'exécution du décret présidentiel du 12 juin sur la dissolution des organisations d'extrême gauche, dont la Jeunesse communiste révolutionnaire (JCR), elles profitent de l'occasion pour s'emparer de tracts, d'affiches, de cahiers, de notes, etc., susceptibles de prouver la reconstitution des organisations désormais interdites. Les saisies et mises sous scellés sont accompagnées de prises de vue (photographies réunies plus tard en véritables cahiers de reportage) destinées à garder trace de la disposition des locaux au moment de l'évacuation. Ces « fonds » seront ensuite conservés dans les archives de la Cour de sûreté de l'État.

La police « collecte », documente et classe. Elle se fait archiviste. Elle enregistre les traces concrètes de la mobilisation politique des semaines passées et « sauve » des productions graphiques conçues pour être éphémères. Des affiches de 68, on connaît les réalisations de l'Atelier populaire des Beaux-Arts. Celles, manuscrites, artisanales et bricolées, saisies à la faculté de médecine, montrent d'autres types d'écrits de lutte affichés, foisonnants à l'époque : journaux muraux, dazibaos, slogans transcrits, proclamations de toutes sortes, annonces de réunions, etc. Dans cet ensemble, un long texte manuscrit rédigé par des militants de la JCR ressemble, lui, à un éditorial partagé ; sans craindre l'anachronisme, on pourrait même évoquer la mise en circulation d'« éléments de langage » précisant la ligne à suivre. Cette affiche

Les murs de la faculté de médecine de Paris nettoyés, [juillet 1968]
Arch. nat., 20010163/2

Nettoyage Fac Médecine
INDE

« d'actualité » prouve aussi qu'après l'annonce de sa dissolution, la JCR (dont les effectifs en France ont plus que doublé entre avril et juin, passant de 350 à environ 1 000 membres) n'a pas cessé de s'exprimer. Pour cette organisation révolutionnaire et anti-impérialiste fondée en avril 1966 par une centaine de jeunes militants pour la plupart étudiants (dont nombre de dissidents de l'Union des étudiants communistes), réunis par leurs positions antifascistes et antistaliniennes, le printemps 1968 a été une période de grand activisme. Ce n'était cependant qu'un début, une « répétition générale », comme l'écrivent deux de ses figures, Daniel Bensaïd et Henri Weber, dans un ouvrage portant ce titre publié à l'automne par François Maspero. En dépit de la dissolution, le combat continue. Dès la mi-septembre, un journal, *Rouge*, fait son apparition ; les militants et les sympathisants se regroupent dans les « Cercles rouges », et un nouveau parti, la Ligue communiste (LC), voit le jour en avril 1969. En juin 1968, les élections législatives voulues par le général de Gaulle étaient dénoncées comme « une manœuvre de diversion visant à escamoter la lutte de classes » ; un an plus tard, la LC présente un candidat à l'élection présidentielle des 1er et 15 juin 1969, cette « apparition centrale » visant cette fois à ne pas laisser au Parti communiste le monopole de la parole ouvrière.

L'appel à la révolution

Ce placard de la Jeunesse communiste révolutionnaire (JCR), qui appelle au boycott des élections et fustige le PCF vu comme le « parti de l'Ordre », appartient au matériel saisi dans les universités et conservé dans les scellés de la Cour de sûreté de l'État.
Arch. nat., CP/5W/1139

libérez les ondes de la propagande pompidolienne : statut démocratique pour l'ORTF

Pour le Socialisme
JCR
continue

Pour le Socialisme
la JCR
Continue

Le gouvernement, encouragé par la passivité des syndicats et "le sens des responsabilités" du PCF qui se présente aujourd'hui comme "le parti de l'ordre", a décidé de faire rentrer le mouvement des masses dans le lit de la "légalité" électorale. Mettant à profit la désorientation des militants frustrés des fruits de leur combat pour une opération parlementaire, le pouvoir gaulliste a décidé de dissoudre les organisations d'avant-garde.

Les motifs reprennent la phraséologie réactionnaire traditionnelle : le trafic d'armes, l'or de l'étranger ; les brigades entraînées pour l'intervention armée, etc.... Le but est clair : évincer les "enragés" pour que la compétition électorale se déroule entre gens sérieux.

La JCR ne reconnaît pas cette dissolution prononcée par un gouvernement bourgeois avec la complicité objective des directions des organisations ouvrières. Nous continuerons, comme par le passé, notre activité propagandiste, notre intervention politique et l'organisation des militants révolutionnaires.

Quant aux élections, nous les considérons comme une manœuvre de diversion visant à escamoter la lutte de classes. On ne renverse pas la bourgeoisie par une majorité parlementaire. Ceux qui ont fait le jeu du gaullisme, ce sont ceux qui ont transformé une grève politique en une grève revendicative ; qui ont répliqué à la répression meurtrière par... une heure de grève ; qui ont refusé le pouvoir que leur rendaient dix millions de grévistes.

Dans ces conditions voter pour un candidat, quel qu'il soit, revient à cautionner une manœuvre réactionnaire et à entretenir des illusions électorales. En temps normal il est juste d'utiliser le parlement comme tribune, mais ces élections sont une trahison caractérisée des luttes ouvrières.

Les « écrits muraux »

Les forces de police saisissent tous les supports muraux, les affiches dessinées comme les panneaux indicateurs de réunions. Au sein des archives de la Cour de sûreté de l'État, ces saisies sont accompagnées de fiches cartonnées de scellés comportant la référence de l'affaire, l'unité policière mobilisée, la description des pièces et leur lieu d'enlèvement.
Arch. nat., CP/5W/1139

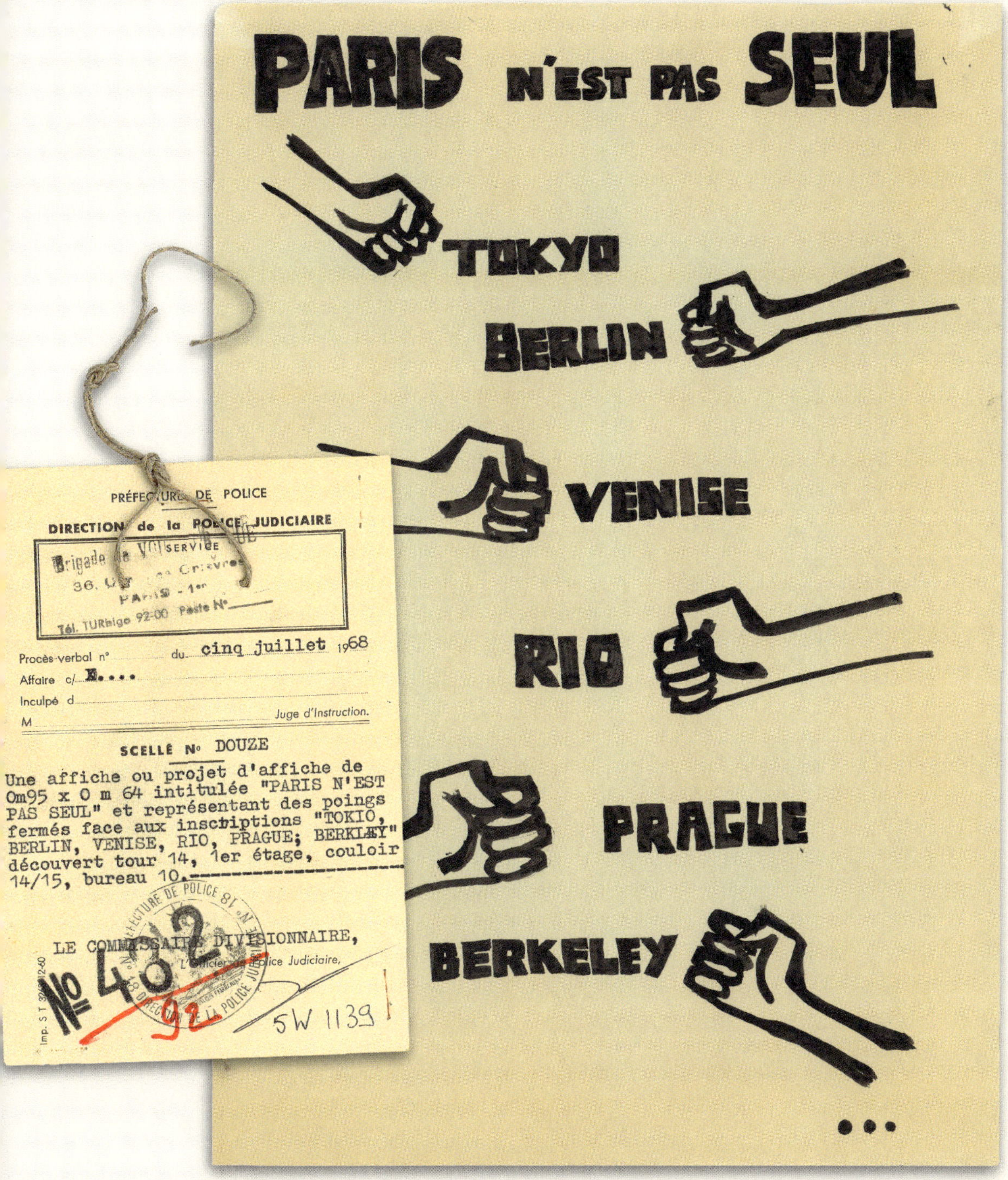
PARIS N'EST PAS SEUL
TOKYO
BERLIN
VENISE
RIO
PRAGUE
BERKELEY
...
PRÉFECTURE DE POLICE
DIRECTION de la POLICE JUDICIAIRE
SERVICE
Tél. TURbigo 92-00 Poste N°
Procès-verbal n° du cinq juillet 1968
Affaire c/ X....
Inculpé d
M Juge d'Instruction.
SCELLÉ N° DOUZE
Une affiche ou projet d'affiche de
Om95 x 0 m 64 intitulée "PARIS N'EST
PAS SEUL" et représentant des poings
fermés face aux inscriptions "TOKIO,
BERLIN, VENISE, RIO, PRAGUE; BERKLEY"
découvert tour 14, 1er étage, couloir
14/15, bureau 10.
LE COMMISSAIRE DIVISIONNAIRE,
L'Officier de Police Judiciaire,
N° 482
92
5W 1139

Du côté des facultés

Les Actualités françaises font état, le 3 juillet, de la situation dans les universités. La Sorbonne a été évacuée le 16 juin, les Beaux-Arts, le 27. À Nanterre, l'université d'été se met en place. Mais les opérations d'entrée des forces de l'ordre se poursuivent au cours du mois de juillet : il est décidé d'empêcher au maximum la tenue d'universités d'été et de pourvoir aux dégâts causés par les occupations avant la rentrée universitaire.

INA, AFE86001212

Juin-juillet 1968

Perquisitions et scellés

Par Christophe Bouvier et Annie Poinsot

Le département de la Justice et de l'Intérieur des Archives nationales conserve, dans la sous-série 5W, les archives de la Cour de sûreté de l'État. Chargée de juger les affaires ayant trait à l'atteinte à la sûreté intérieure et extérieure de l'État, elle est créée le 15 janvier 1963, notamment pour juger les généraux impliqués dans l'Organisation de l'Armée secrète (OAS) et ne sera supprimée qu'en août 1981.

Pourquoi faire appel à cette juridiction en mai 1968 ? Jusqu'au 12 juin, le gouvernement privilégie l'action policière et celle des tribunaux correctionnels pour rétablir l'ordre. Or les manifestations se radicalisent mi-juin. La position de l'État se durcit et conduit, le 12 juin, à la dissolution par décret des organisations gauchistes. Dès le 14 juin, la Cour de sûreté de l'État, dotée de moyens d'action exceptionnels, intervient dès lors qu'il y a soupçon de maintien ou reconstitution de ces organisations. Les perquisitions de nuit, le délai de garde à vue étendu à quarante-huit heures voire jusqu'à dix jours se multiplient.

Meneurs et militants repérés par les services de renseignement sont arrêtés. Les interrogatoires et saisies de documents, jusqu'à l'amnistie générale du 30 juin 1969 mettant fin à l'ensemble des

Mise sous scellé

Cette liasse de tracts, saisie dans le cadre d'une procédure menée le 11 juillet par la Cour de sûreté de l'État contre un militant, a été mise sous scellé. Les documents, perforés, sont assemblés à une fiche par une ficelle figée au moyen d'un sceau de cire. Ce n'est ni la lisibilité ni l'exploitation des documents qui sont recherchées, mais leur fixation.
Arch. nat., 5W/1150

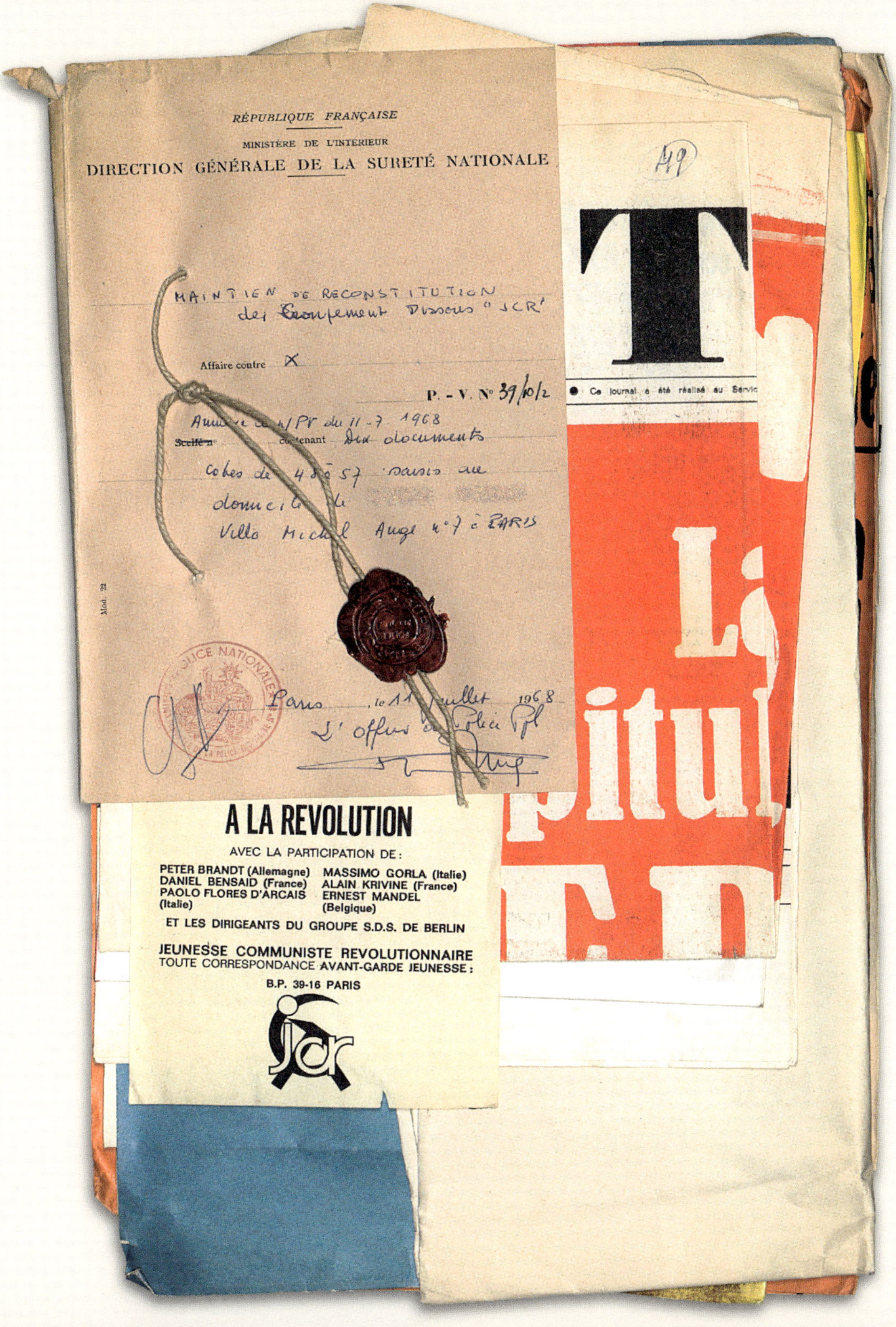
RÉPUBLIQUE FRANÇAISE
MINISTÈRE DE L'INTÉRIEUR
DIRECTION GÉNÉRALE DE LA SURETÉ NATIONALE
MAINTIEN DE RECONSTITUTION
des Groupement Dissous "JCR"
Affaire contre X
P.-V. N° 39/10/2
Scellé n° contenant Dix documents
cotes de 48 à 57 saisis au
domicile de [redacted]
Villa Michel Ange n°7 à PARIS
Mod. 22
POLICE NATIONALE
Paris, le 11 juillet 1968
L'Officier de Police
A LA REVOLUTION
AVEC LA PARTICIPATION DE :
PETER BRANDT (Allemagne)
DANIEL BENSAID (France)
PAOLO FLORES D'ARCAIS (Italie)
MASSIMO GORLA (Italie)
ALAIN KRIVINE (France)
ERNEST MANDEL (Belgique)
ET LES DIRIGEANTS DU GROUPE S.D.S. DE BERLIN
JEUNESSE COMMUNISTE REVOLUTIONNAIRE
TOUTE CORRESPONDANCE AVANT-GARDE JEUNESSE :
B.P. 39-16 PARIS
JCR
49
Ce journal a été réalisé au

poursuites, permettent aux autorités d'en savoir plus sur des mouvements gauchistes qu'elles connaissent assez mal.

Les documents de la Cour de sûreté de l'État sont articulés entre dossiers d'affaires classées sans suite et affaires jugées suivies de non-lieu. La majorité des affaires produisent des scellés, conservés dans une collection autonome ou dans les dossiers de procédures pour documenter les magistrats. Ils sont conditionnés en pochettes cartonnées ou liés par des cordelettes voire des clous et cachetés à la cire rouge, majoritairement par la police judiciaire. La pochette de scellés comporte plusieurs informations : noms, référence du procès-verbal (numéro, date), numéro du scellé, description des objets saisis, parfois lieu de perquisition, cachet du commissariat, signatures de l'inspecteur et des incriminés qui certifient que les mentions portées sont conformes au contenu. En cas de non-lieu, les objets saisis peuvent être restitués.

Le fonds 5W fourmille de documents de formes et de contenus différents : tracts, journaux, carnets, photographies, affiches, agendas, correspondance et ébauches de textes. Grâce à ces scellés, Mai 68 prend vie et ces éphémères ajouts que sont les ratures, dessins, mots personnels deviennent pérennes et infiniment précieux. Une abondante littérature de propagande révolutionnaire venant de l'étranger, essentiellement d'Amérique latine, de Chine, d'URSS et du Vietnam, également saisie, vient abonder la richesse et l'originalité de ce fonds.

De Gaulle caricaturé en Hitler, affiche produite à l'Atelier populaire des Beaux-Arts et saisie chez un militant en juin 1968.
Arch. nat., CP/5W/1150

II - MOTS D'ORDRE DIFFUSES DANS DIF

- Halte à la répression policière bas les pattes devant l'Union Nationale des Etudiants de France.

- Assez de Charonne - Non à la dictature - liberté syndicale et politique - Université critique - Mobilisation générale.

- Liberté politique à l'Université.

- Contre la répression policière - contre la presse réactionnaire-contre l'Université bourgeoise - grève générale dès lundi.

- Et maintenant aux usines - A bas le gaullisme - Liberté pour les masses populaires.

- Vive la lutte des étudiants progressistes contre la répression bourgeoise - Vive l'unité de combat des travailleurs et des étudiants.

- Etudiants progressistes pour une université au service du peuple - Les étudiants iront, plusieurs mois par an, travailler à la production dans les usines, les chantiers, la campagne, afin de se transformer et d'apprendre dans la vie, auprès des larges masses d'ouvriers et de paysans.

TS TRACTS -

Fédération des Etudiants Révolutionnaire:
3 mai 1968.

Comités d'Action Lycéens
6 mai 1968

Comité d'Action contre la répression
6 mai 1968.

Union Nationale des Etudiants de France
6 mai 1968.

Union des Jeunesses Communistes -
Marxistes et Léninistes et Cercles pour
servir le peuple - 7 mai 1968.

Comités de Défense contre la répression.
7 mai 1968.

Mouvement de Soutien aux Luttes du
Peuple.
7 mai 1968.

Mots d'ordre militants

La direction générale de la Sûreté nationale relève méthodiquement les mots d'ordre diffusés par diverses organisations militantes et comités d'action entre le 3 et 7 mai 1968. Ce relevé permet d'analyser l'évolution du langage et des revendications. À la dénonciation virulente des violences policières à l'encontre des étudiants succèdent rapidement les mots d'ordre contre le régime. De « Halte à la répression policière. Bas les pattes devant l'Union nationale des étudiants de France » on passe à « À bas le gaullisme ».
Arch. nat., 19910607/22

Des milliers de tracts

La diversité des tracts, journaux et affiches saisis par la Cour de sûreté de l'État suggère la polyphonie du mouvement social. L'appel à la jonction des luttes est constant (appel à la solidarité avec l'usine Renault de Flins, ou les travailleurs agricoles). Les tracts s'adressent à tous et peuvent être établis en plusieurs langues (ici, un tract en arabe destiné à des manœuvres et ouvriers spécialisés). Comme dans les mots d'ordre, aux revendications de circonstance (lutte contre les violences policières) se joignent les remises en cause générales de la société (« Et d'abord cassons les magasins [...]. Crève l'économie ».)
Arch. nat., 5W

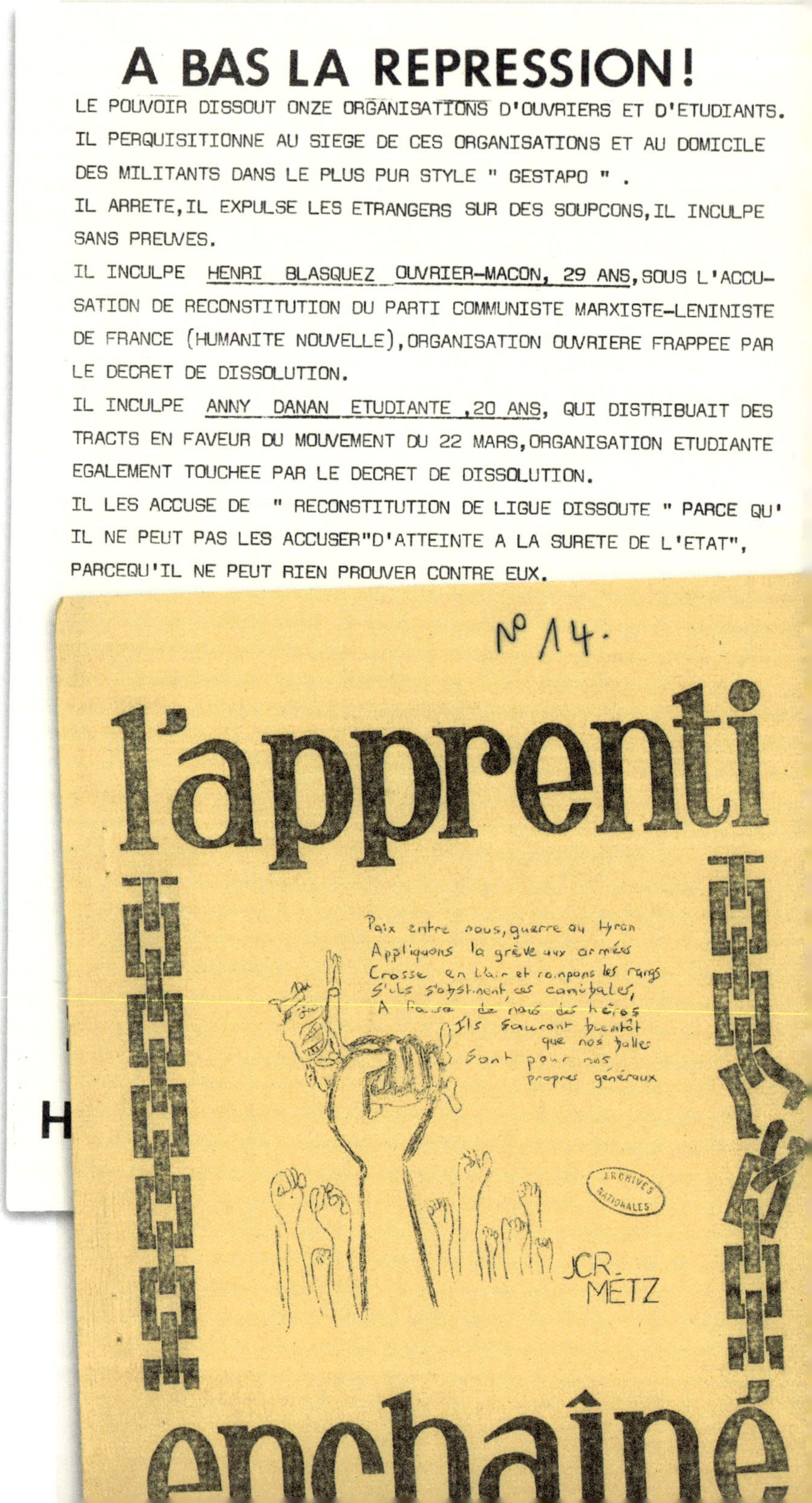
A BAS LA REPRESSION!

LE POUVOIR DISSOUT ONZE ORGANISATIONS D'OUVRIERS ET D'ETUDIANTS.

IL PERQUISITIONNE AU SIEGE DE CES ORGANISATIONS ET AU DOMICILE DES MILITANTS DANS LE PLUS PUR STYLE " GESTAPO " .

IL ARRETE, IL EXPULSE LES ETRANGERS SUR DES SOUPCONS, IL INCULPE SANS PREUVES.

IL INCULPE HENRI BLASQUEZ OUVRIER-MACON, 29 ANS, SOUS L'ACCUSATION DE RECONSTITUTION DU PARTI COMMUNISTE MARXISTE-LENINISTE DE FRANCE (HUMANITE NOUVELLE), ORGANISATION OUVRIERE FRAPPEE PAR LE DECRET DE DISSOLUTION.

IL INCULPE ANNY DANAN ETUDIANTE ,20 ANS, QUI DISTRIBUAIT DES TRACTS EN FAVEUR DU MOUVEMENT DU 22 MARS, ORGANISATION ETUDIANTE EGALEMENT TOUCHEE PAR LE DECRET DE DISSOLUTION.

IL LES ACCUSE DE " RECONSTITUTION DE LIGUE DISSOUTE " PARCE QU'IL NE PEUT PAS LES ACCUSER "D'ATTEINTE A LA SURETE DE L'ETAT", PARCEQU'IL NE PEUT RIEN PROUVER CONTRE EUX.

ET D'ABORD CASSONS LES MAGASINS

plutôt que de se croiser les bras en attendant les flics.

plutôt que de faire des kilomètres à pied.

Crève l'économie.

La rue est à nous, y compris les magasins.

Brule la marchandise.

Mouvement 22 mars — Avant le 21 juin 1968

لم يتظاهر الطلاب وحدهم وراء المتاريس بل كان بجانبهم
عمال فرنسيون واجانب يجاهدون معهم ضد الحكم البوليسي.
وقد وجهت البورجوازية ضد العمال الفرنسيين
الجهازين البوليسي والقضائي كما اتخذت بحقهم تدابيرًا وحشية
كما اتخذت البورجوازية ضد العمال الاجانب تدابيرًا اخرى:
هل طردتهم خارج البلاد ووضعتهم على الحدود الاسبانية
والبرتغالية ام رمتهم في نهر "السين". لا يعلم احد ما
حصل لهم — لقد فقد اربع وستون عامل اجنبي -
نطلب من جميع العمال الذين فقدوا احد رفاقهم
ان يشهد بتقديم افادة الى المكان التالي:

Comité d'accueil. 6, rue Lalande Paris XIV =
Téléphone 783-43-17

ونطلب من الجميع ان يساعدونا على كشف الحقيقة
في هذه المسألة.
اذا تأكد لنا ان رفاقنا قد سُلِّموا الى بوليس
فرنكو الاسباني او اغرقوا في "السين" او أعيدوا الى بلادهم،
نأخذ على عاتقنا ان نقوم بجميع التدابير اللازمة لفضح
المسؤولين الذين يكشفون عن حقيقتهم النازية.
ونحن نؤكد باننا سننفذ ما تعهدنا به خلال تطورات
كفاحنا في الاسبوع الماضي

Mouvement du 22 Mars
حركة 22 مارس (آذار)

UDIANTS PROGRESSISTES, SI VOUS
LEZ ALLER TRAVAILLER A LA CAMPAGNE
SCUTER AVEC LES TRAVAILLEURS
COLES POUR CONNAÎTRE LEURS
LÈMES,

DEZ-VOUS A LA PERMANENCE DU COMITÉ
OUTIEN [A 13 H 30]-

Flics en Lutte

Les travailleurs veulent lutter jusqu'à la satisfaction de toutes leurs revendications.
La direction refuse de discuter et appelle les C.R.S.

Les métallos s'organisent pour résister au patronat, qui prétend en rester aux accords de Grenelle.

Renforçons notre soutien aux travailleurs de Renault et à tous ceux qui continuent le combat.

COMITÉ D'ACTION-ETUDIANTS-TRAVAILLEURS DU XIème

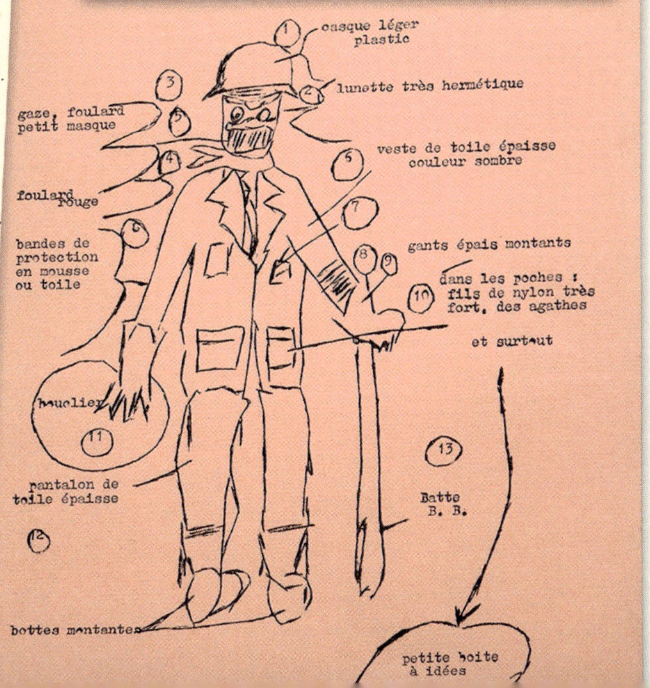

CHAPITRE 5

Photographier

Alors que les grandes manifestations au début des années 1960 contre la guerre d'Algérie n'avaient pas été photographiées par les services de police, notamment ceux de la préfecture de police de Paris, les événements de mai sont l'occasion d'expérimenter de nouvelles pratiques policières : les grands rassemblements font l'objet de photographies aériennes prises d'hélicoptère ; l'infiltration des cortèges et des occupations par de jeunes policiers en civil permet d'accéder directement à la source et de photographier les militants les plus actifs. En outre, lorsque les forces de l'ordre entrent dans des locaux (facultés, lycées, mais aussi usines), elles opèrent un relevé extrêmement précis de ce qu'elles y trouvent : chaque inscription, chaque affiche ou tableau est documenté. En regard du nombre de ces archives conservées et des notes les accompagnant, les usages qui furent faits de ces clichés sont très faibles. L'essentiel du renseignement est en effet le produit soit du simple recoupement des informations disponibles, soit de la présence d'indicateurs dans certains lieux clés. La photographie judiciaire, née comme un moyen d'identification avec Alphonse Bertillon à la fin du XIXe siècle, demeure en 1968 l'outil privilégié des forces de police : la preuve passe toujours par l'image.

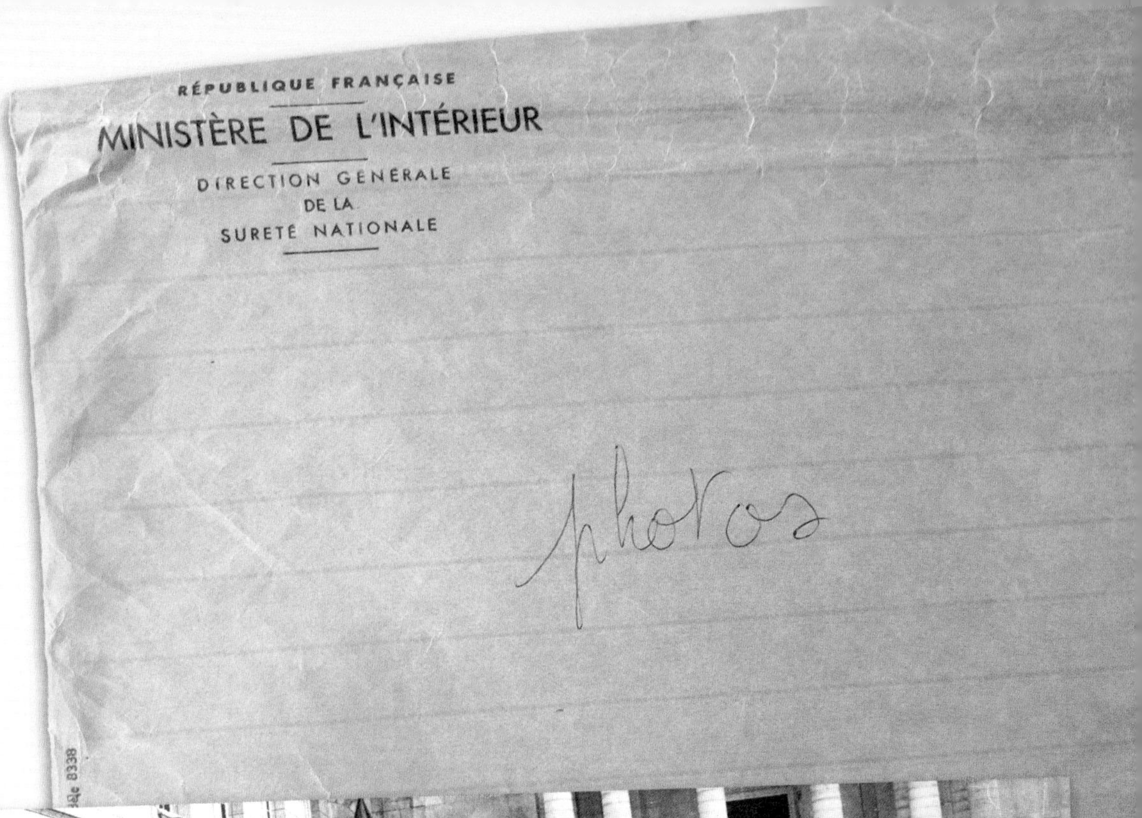
RÉPUBLIQUE FRANÇAISE
MINISTÈRE DE L'INTÉRIEUR
DIRECTION GENERALE
DE LA
SURETÉ NATIONALE
photos

642
1885

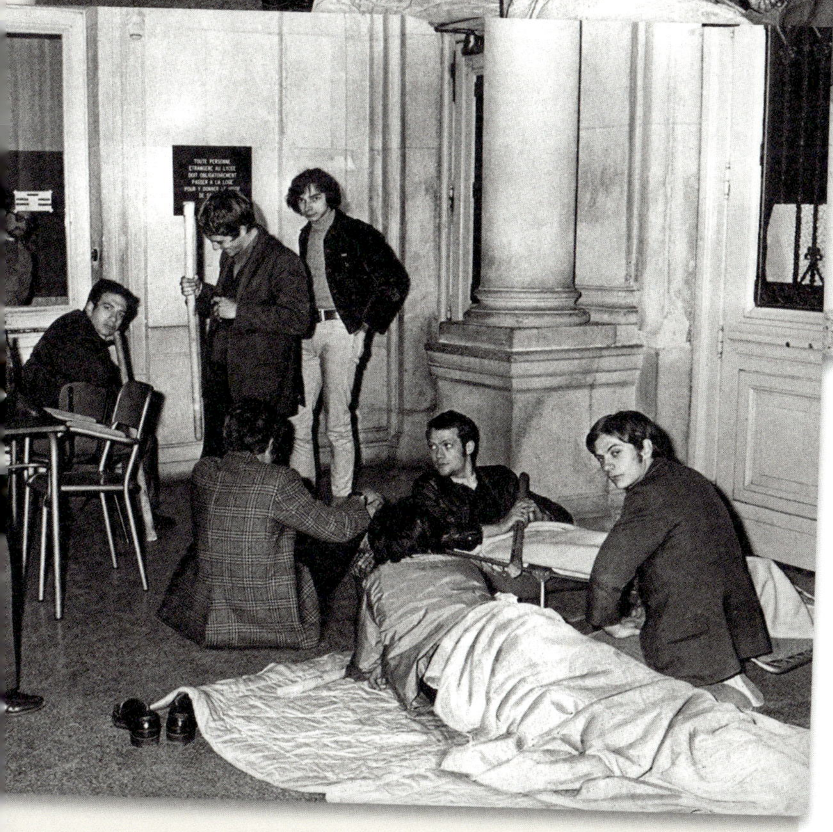

La Sorbonne occupée, mai-16 juin 1968

Au sein des archives de la direction générale de la Sûreté nationale (DGSN), une enveloppe non identifiée attire l'attention. Y sont insérés des tirages photographiques, non légendés, de la Sorbonne sous différents angles (toits, cour, salles). Des flèches noires semblent indiquer des opérations de recadrage. L'usage de ces images (documentation, repérage) reste inconnu. De même les photographes : s'agit-il de fonctionnaires du ministère de l'Intérieur, d'indicateurs ? Ces clichés sont-ils au contraire des photographies militantes ou de presse en circulation récupérées par la DGSN ? Aucun indice ne crédite l'une ou l'autre hypothèse.
Arch. nat., 19980099/47 (pp. 202-205)

Un jeune militant repéré

Certaines unités territoriales de police procèdent à de véritables constructions photographiques afin de repérer des personnes. Ici un militant est identifié par la confrontation de photographies prises lors de manifestations avec celles prises lors de sa garde à vue. Il s'agit pour ces dernières de véritables photographies anthropométriques au cadrage normé (face, profil, panneau, échelle). En 1968, le régime et les modalités des gardes à vue sont définis par le code de procédure pénale entré en vigueur en 1959 et qui succède à la réforme de la carte judiciaire de 1958.
Arch. nat., 19980099/45

10 MAI 1968

30 MAI 1968

13 MAI 1968

30 MAI 1968

30 MAI 1968

5-8 juillet 1968

Le regard de la police

Par Philippe Artières

Les relevés que mènent les services photographiques de la police judiciaire lorsqu'ils investissent, le 8 juillet, les locaux des universités parisiennes, ceux de la faculté de médecine comme ceux de la faculté des sciences de Jussieu, permettent de comprendre l'organisation de l'occupation par les étudiants contestataires comme le regard policier.

À Jussieu, les clichés révèlent la vie au sein de l'université sous toutes ses formes, y compris les relations filles/garçons : « Les minettes du bâtiment L sont fatiguées de servir d'exutoire aux parasites aliénés en mal de révolution sexuelle, en conséquence défense de les embrasser à longueur de temps (jour et nuit) sans invitation de leur part », peut-on lire sur une affiche (pl. 12). Les photographies montrent l'extrême organisation des étudiants. Chaque pièce est dévolue à une fonction, dans une, on ronéotype les tracts, dans une autre, on conçoit les affiches tandis que, dans la suivante, on les réalise. On y lit l'ensemble des consignes écrites demeurées là après l'évacuation (pl. 21) : « Hâtez-vous d'être propre avant que les flics reprennent la fac… », « Ne mettez pas d'eau dans les pots », « Ne jetez ni mégots ni détritus dans l'évier », « Pinceaux de lettres (prix 20 f.)… ». Sur un tableau noir

Album photographique de la faculté de médecine, 8 juillet 1968

Le 5 juillet, lorsque la police entre dans la faculté de médecine de Paris, elle procède à un état des lieux photographique du bâtiment. De cette opération naît un « album photographique » de sept pages, concentrées sur les photographies d'affiches signées par la JCR. Il s'agit donc bien de constituer des preuves contre le mouvement dissous par le décret du 12 juin.

Arch. nat., 5W/917 (pp. 209 et 211)

D-294

~ ALBUM PHOTOGRAPHIQUE ~

ANNEXE UN au PV 39/0/0

" Transport et constatations à la nouvelle Faculté de Médecine, le 8.7.1968. "

POLICE NATIONALE

Vu et annexé le commissaire de Pce
P.V. 39/0/0

ont été inscrits à la craie des projets d'affiches et des consignes : « Si vous avez une idée, réalisez-la sur ce tableau », « Ne pas dépasser le format 40 × 50 ».

Avec ces clichés, les policiers semblent vouloir renseigner les réseaux et les contacts que les étudiants de Jussieu entretiennent avec les autres facultés et écoles dont les numéros sont soigneusement relevés (arts déco, médecine, beaux-arts, droit...), mais aussi avec les organisations d'extrême gauche interdites, notamment la JCR (pl. 1). Le photographe s'intéresse à des dazibaos, plus loin dans l'un des halls, il porte son regard sur une grande affiche manuscrite intitulée « Tous en avant vers la longue marche de la jeunesse... », référence aux mouvances maoïstes, ou encore, sur celle placardée sous un tableau noir dans une salle de cours : « La révolution n'est ni un art ni un luxe, elle est une nécessité historique quand (parce que) tout autre moyen est impossible ». Parfois, il recherche des informations précises, comme cette affichette (pl. 33) : « Jeudi 4 juillet à 18 heures, réunion du bureau de l'AG des Comités de base. »

À la lecture de cet album, apparaît une autre dimension. L'usage de la photographie par la police relève parfois de la mise en scène, voire de la manipulation : deux bouteilles de champagne sont placées sur des duvets dans la salle des « appariteurs de thèses ». Mais certains clichés laissent entendre que le projet d'une attaque de commissariat était envisagé. Ainsi, sur l'un des tableaux noirs, on distingue le plan de la caserne Beaujon, lieu d'interrogatoire et de garde à vue de la police. Difficile de dire quel usage fut fait de ces clichés. Ils s'inscrivent cependant dans la longue tradition de la photographie des scènes de crime et en reprennent les principaux codes.

1/7 Entrée principale, rue des Saints-Pères, de la Nouvelle Faculté de Médecine

2/7 Nouvelle Faculté de Médecine

À la faculté des sciences, juillet 1968

Lorsque la police investit la faculté des sciences, le 5 juillet, un état des lieux photographique de cinquante-deux planches est établi par les sections techniques de recherches et d'investigations du service de l'Identité judiciaire de la préfecture de police de Paris. L'ensemble est ensuite transmis aux services de la Cour de sûreté de l'État dans le cadre de la procédure lancée contre les mouvements d'extrême gauche dissous par le décret du 12 juin. En effet, les photographies démontrent la présence active dans les locaux des groupes désormais interdits : tracts, affiches et écrits muraux de toutes sortes témoignent de leur militantisme jusqu'au début juillet.
Arch. nat., 5W/917 (pp. 212-215)

Pl

Un tableau indicatif de numéros de téléphone découvert dans le " standard " situé au 1er étage.

Pl. 3

La pièce occupée par les " Appariteurs de thèses"
au 1er étage

Pl. 7

L'intérieur du bâtiment "H"
vu de l'entrée.

PL.30

Tiroirs fracturés dans le bureau
utilisé par le service d'ordre

PL.33

L'animalerie sur les toits au 5ème étage

Vue rapprochée d'une affiche dans le bureau n° 36

Pl. 13

Un bureau équipé pour la Ronéotypie

Pl. 14

Le bureau n° 10

transformé en atelier de sérigraphie

Pl.21

Un laboratoire

servant à la confection d'affiches

Pl. 22

Le couloir 14 - 24

Projets d'affiches dans le 1er box à droite en entrant

Gard- les arènes romaines 1er siècle après J.-C.

CHAPITRE 6

Surveiller

Le pouvoir a dans un premier temps bien du mal à considérer que les événements ne résultent pas que des syndicats étudiants mais d'un mouvement de masse plus large encore. Il connaît l'Unef et sait sa capacité à mobiliser ; pendant la guerre d'Algérie, face aux événements d'Alger du 13 mai 1958, le syndicat étudiant avait dénoncé l'atteinte aux institutions républicaines et, sans appeler à l'insoumission, il avait organisé de grands rassemblements qui pesèrent lourdement sur l'opinion. Aussi, l'organisation étudiante fait-elle l'objet, dès le début de l'année 1968, d'une surveillance intense lorsque les premières manifestations s'intensifient en février sur la réforme des résidences universitaires. Mais l'une des grandes questions qui animent le ministère de l'Intérieur est d'identifier les meneurs de ce qui est devenu, début mai, une situation à hauts risques. L'Internationale situationniste fait partie des groupes suspectés. L'identification rapide de la figure de Daniel Cohn-Bendit, étudiant juif d'origine allemande à Nanterre et cofondateur du Mouvement du 22 mars, amène les services de renseignements intérieurs à envisager deux hypothèses : la première est celle du rôle des étudiants d'extrême gauche allemands ; la seconde porte sur les agissements de l'Union des étudiants juifs de France. Cette surveillance, qui donne lieu à un fichier croissant, est retournée par les contestataires en un slogan : « Nous sommes tous des juifs et des Allemands. »

Juin-juillet 1968

Des militants fichés

Par Emmanuelle Giry

Mai 68, révolution dans le renseignement ? Le « système Marcellin », mis en place avec l'arrivée de Raymond Marcellin à la tête du ministère de l'Intérieur, le 31 mai 1968, conduit-il à une évolution des pratiques de renseignement ?

Au sein du ministère de l'Intérieur, la direction centrale des Renseignements généraux (DCRG), placée au cœur de la direction générale de la Sûreté nationale (DGSN), vise à la connaissance, l'analyse et l'anticipation des mouvements ou phénomènes susceptibles de troubler l'ordre public. Elle reçoit quotidiennement des informations des services de renseignements de la préfecture de police de Paris ou des directions départementales des renseignements. À partir de là, s'élaborent des synthèses, non signées, marquées par l'absence de cachet et d'en-tête. Ces « notes blanches », appelées aussi « blancs RG », informent le ministre de l'Intérieur. Elles circulent largement au sein de l'appareil gouvernemental et donnent ainsi à lire finement ce que le pouvoir perçoit des événements de l'année 1968.

La note datée du 24 mai établit une synthèse sur Daniel Cohn-Bendit : il est refait un point de ses précédentes apparitions publiques, sur les mesures prises à son encontre et sur les rumeurs relatives à ses prochains déplacements. Les services informent également des positions du Parti communiste français à son encontre, parues dans *L'Humanité*. La note ne constitue en aucun cas un moyen d'identification : aucune information précise d'état civil ou anthropométrique n'est donnée, aucun renseignement n'est antérieur à 1968. Elle vise à

Note blanche établie par les RG sur Daniel Cohn-Bendit, 24 mai 1968.
Arch. nat., 19800280/55 (pp. 219 et 221, extraits)

/ . -

-- 24. 5. 1968

~~25240~~
25.333

X

DANIEL C O H N - B E N D I T

Nul n'ignore plus que Daniel Cohn-Bendit cherche moins à faire aboutir des revendications qu'à changer l'ordre social, au sens le plus large du terme, établi.

Comme la révolution qu'il prône n'a rien à voir avec celle que souhaite le P.C.F., il est simultanément "calomnié" par les communistes et pris comme porte-drapeau par les intellectuels gauchistes.

Etudiant en sociologie à Nanterre, Daniel Cohn-Bendit s'est signalé dès le 8 janvier dernier en apostrophant le ministre de la Jeunesse et des Sports lors de l'inauguration de la piscine de cette faculté. La proposition d'expulsion qui s'ensuivit avorta.

De Nanterre à Sarrebruck

Il prend ensuite la tête du groupement anarchiste dit Mouvement du 22 Mars qui se propose (entre autres) d'abattre le régime capitaliste en France. Mais avant de se lancer sur cet objectif lointain, le "Mouvement" s'efforce de collaborer avec les "ouvriers qui combattent les pouvoirs bourgeois", et fomente, parmi les étudiants mécontents, une agitation qui croît et s'amplifie jusqu'à contaminer la Sorbonne qui embrasera à son tour le Quartier Latin.

...../ =

éclairer la décision gouvernementale mais ne constitue pas un outil de surveillance. Ce type de synthèse existe bien avant Mai 68 et sera maintenue par la suite.

En revanche, à la suite du printemps 1968, les services des Renseignements généraux semblent se constituer des outils spécifiques. Le « fichier nominatif des personnes appartenant aux mouvements d'extrême gauche » contient des centaines de fiches qui semblent avoir été établies à partir du second semestre 1968. Standardisées et pré-imprimées, elles comportent des éléments d'identification sommaire des personnes (nom, prénom, date et lieu de naissance, parents, conjoint et enfants, profession, domicile). Les renseignements sont divers, au gré des remontées de la préfecture de police, des directions départementales des renseignements ou des autres services de la DCRG. Participation à une réunion, inculpation, séjour à l'étranger, appartenance à un groupe identifié : les mentions, lapidaires, visent à déterminer la proximité des individus avec des réseaux, des organisations, des mouvements.

Ce fichier produit par les RG a été clôturé en 2001. Les cent douze boîtes totalisant trente-sept mètres linéaires versées aux Archives nationales témoignent de la fin de son utilité, non en raison de la caducité de ses informations mais de son obsolescence matérielle. En matière de renseignement, rien ne se perd, tout se transforme.

A gauche du P.C.F. !

Catapulté par l'agitation estudiantine, le meneur du Mouvement du 22 Mars n'a pas tardé à afficher des ambitions politiques qui semblent hors de proportion avec son âge et son expérience. Et M. Séguy l'a bien senti, qui a rétorqué : "Cohn-Bendit ? Connais pas !". Il n'empêche que l'action de l'agitateur anarchiste constituait un certain danger pour l'extrême-gauche. La discipline des troupes cégéto-communistes et l'autorité de leurs dirigeants n'ont pas été de trop pour le conjurer.

C'est pourquoi, l'apparition de "l'enragé de Nanterre" sur la scène des émeutes étudiantes et les succès révolutionnaires qu'il y a remportés ont vivement inquiété les dirigeants du P.C.F. qui n'ont pas manqué de l'attaquer avec force depuis le début du mois en raison de son attitude anticommuniste.

Porte-drapeau des gauchistes ...

Par contre, au cours de sa conférence à la Sorbonne, Jean-Paul Sartre a fait un vif éloge de Cohn-Bendit. A la question d'un étudiant : "Pourquoi Cohn-Bendit est-il tant détesté ?", le philosophe a répondu : "Je pense que ce que l'on hait dans Cohn-Bendit, c'est vous. Il fait partie d'une minorité agissante. Il maintient fort intelligemment ce mouvement sur le plan de la contestation, en évitant les ornières. Le pouvoir serait trop content que vous revendiquiez certaines choses".

Juin-juillet 1968
Étudiants sous contrôle

Par Philippe Artières

Le travail des Renseignements généraux (RG) durant l'année 1968 est considérable ; les fameux « blancs » sont produits en grand nombre quotidiennement, ici pour signaler le déplacement d'un leader étudiant et livrer l'immatriculation du véhicule dans lequel il circule et le nom des autres occupants, là pour rendre compte d'une réunion d'un groupuscule dans une petite ville de province. Ces informations consistent le plus souvent en un croisement d'informations émanant de services différents et les synthèses produites par les RG sont, pour cette raison, souvent incomplètes et très erronées. Reste que le plus frappant est l'ampleur de ce regard du pouvoir sur les individus et les groupes, et ce sur la totalité du territoire. Deux lieux font néanmoins l'objet d'une attention redoublée : les frontières et la capitale.

La surveillance des étrangers en France n'est pas une nouveauté ; la toute récente guerre d'Algérie avait refait des douaniers des acteurs centraux de la surveillance et du contrôle de l'entrée des étrangers. Mais en 1968, c'est la frontière entre la France et l'Allemagne fédérale qui fait l'objet d'un intérêt accru. Il faut dire que la situation outre-Rhin inquiète avec un activisme politique intense, notamment celui

Les étudiants allemands surveillés par les RG

Les Renseignements généraux sont à l'affût des liens entre des mouvements contestataires français et allemands. Visiblement écrite a posteriori, *cette note de la DCRG fait remonter à février 1968 les contacts entre le SDS allemand et la JCR française. Il est plus que probable que des liens existent dès 1967, à la suite du meurtre d'un manifestant en juin et de la naissance de l'université critique en novembre à Berlin. Le début de l'année 1968, avec la tenue régulière de manifestations outre-Rhin a renforcé ces contacts*
Arch. nat., 19800280/55 (pp. 223 et 226)

mai 1968 Bulletin n°140

- LES ACTIVITES REVOLUTIONNAIRES A PARIS DES ETUDIANTS SOCIALISTES -

ALLEMANDS (S.D.S.)

Le groupe de Paris de la Ligue des Etudiants Socialistes Allemands (S.D.S.), dont le centre de renseignements, la boîte aux lettres et le lieu de contacts et de rendez-vous fut situé, au cours du mois de mai, chez les époux , 17 rue de l'Estrapade, a joué un rôle actif, en liaison avec les Jeunesses Communistes Révolutionnaires, dans la transformation en émeutes des manifestations de l'U.N.E.F.

Les contacts continuels établis depuis le mois de février par le S.D.S. et les J.C.R., grâce à des envois réciproques de délégations lors des premières manifestations étudiantes en Allemagne et en France, avaient déjà créé un bon climat de compréhension.

En mai, le groupe allemand de Paris (une dizaine de personnes) s'est trouvé immédiatement prêt à l'action la plus résolue, parce que ses amis des J.C.R., Alain Krivine en tête, jouaient un rôle déterminant dans la formation des groupes de choc et le choix des objectifs.

Electrisés par la certitude de se trouver au centre de l'action, les jeunes Allemands de la rue de l'Estrapade, à la fois agitateurs et journalistes, se sont dépensés sans compter, d'une part, pour l'initiation aux techniques de combat et la participation aux opérations et, d'autre part, pour l'expédition vers l'Allemagne de l'Ouest d'articles de journaux, d'informations radiophoniques et de photographies favorables aux émeutiers.

...../ =

des étudiants de l'Union socialiste allemande des étudiants (SDS). Ce mouvement rassemble, selon les RG, des « éléments exclus du parti social démocrate », mais aussi des jeunes révolutionnaires maoïstes ou castristes, des communistes non staliniens (trotskistes) ou encore des « libertaires et anarchistes de tout poil ». L'une de ses figures est celle de Rudi Dutschke, dit « Rudi le rouge », étudiant en sociologie, qui a établi une « liaison suivie avec les animateurs français des Jeunesses communistes révolutionnaires (JCR) et les Étudiants socialistes unifiés ». Lorsqu'ils se rendent en France, ces jeunes Allemands, qui se proposent d'organiser des groupements d'étudiants révolutionnaires partout en Europe, font l'objet d'un suivi. De même, les militants français se rendant en RFA sont dans l'œil du pouvoir ; plus tard, au cours de l'été, les projets de voyage à Cuba seront regardés à la loupe.

Plus surprenante est la surveillance opérée sur les étudiants juifs et singulièrement sur l'Union des étudiants juifs de France (UEJF) sauf à considérer que la police française conserve depuis Vichy un antisémitisme culturel. Dans une note récapitulative de juillet 1968, la police reproche à l'UEJF une « orientation vers l'extrême gauche », de « participer à l'émeute » et « d'avoir recueilli des témoignages sur les brutalités de la police lors des manifestations ». Ses liens avec Cohn-Bendit sont décrits. Malgré la faiblesse du dossier, chacun de ses membres fait l'objet d'une note, avec photographie, activité et adresse des parents et qualités de ces derniers, constituant un fichier qui rappelle ceux élaborés par ces mêmes autorités quelque vingt-cinq ans plus tôt.

« Plusieurs groupes de jeunes allemands sont venus à Paris au cours du mois de mai [...]. Mais plus que leur nombre, c'est par leurs conseils techniques sur le terrain à leurs amis des JCR que les responsables SDS ont joué un rôle important dans les émeutes du vendredi 10 mai et du vendredi 24 mai. »

Note des Renseignements généraux sur les étudiants allemands de Paris, mai 1968

<u>Troubles en octobre ?</u>

Il est à prévoir que cette campagne engendrera des troubles nouveaux dans les Universités à la rentrée d'octobre. Des incidents seront certainement provoqués par les mêmes provocateurs, avec une détermination d'autant plus farouche que des élections favorables au gouvernement les inciteront à poser leurs problèmes dans la rue.

Le 9 juin 1968, un contrôle de police effectué 17 rue de l'Estrapade a permis de vérifier que le domicile des époux Lamche servait de centre d'accueil et de lieu de réunion pour les militants du S.D.S. comme pour divers responsables français des mouvements révolutionnaires.

Parmi les 25 personnes qui ont fait l'objet d'un examen de situation, 12 ont été expulsées :

- [redacted], né le 25.8.1933 à Schneindutz (Allemagne), de nationalité allemande, journaliste
- [redacted], née le 2.7.1933 à Anvers (Belgique), épouse du précédent, de nationalité britannique, journaliste
- [redacted], né le 27.5.1941 à Gottingen (Allemagne), de nationalité allemande, journaliste
- [redacted], né le 14.7.1944 à Erlander (Allemagne), de nationalité allemande, étudiant
- [redacted], né le 29.1.1937 à Francfort (Allemagne), de nationalité allemande, journaliste
- [redacted], née le 25.10.1945 à Tauberbischofsheim (Allemagne); de nationalité allemande, étudiante
- [redacted], né le 13.12.1943 à Dresde (Allemagne), de nationalité allemande, étudiant
- [redacted], née le 28.5.1941 à Cleveland (U.S.A.), épouse QUAREZ, de nationalité américaine, artiste peintre
- [redacted], né le 27.5.1941 à Brikenfeld (Allemagne), de nationalité allemande, étudiant
- [redacted], né le 21.4.1937 à Stuttgart (Allemagne), de nationalité allemande, lecteur
- [redacted], née le 15.3.1939 à Dortmund (Allemagne), de nationalité allemande, lectrice
- [redacted], née le 3.8.1944 à Neidenheim (Allemagne), de nationalité allemande, bibliothécaire.

=

TRANSCRIPTION DU DOCUMENT (EXTRAITS)

Les activités révolutionnaires à Paris des étudiants allemands

Le SDS et la préparation des émeutes

Plusieurs groupes de jeunes étudiants allemands (au total au moins une cinquantaine) sont venus à Paris au cours du mois de mai à la demande de Gustave L. et avec l'accord d'Alain Krivine. Mais plus que leur nombre, c'est par leurs conseils techniques sur le terrain à leurs amis des JCR que les responsables SDS ont joué un rôle important au cours des émeutes du vendredi 10 mai et du vendredi 24 mai. L'incendie de la Bourse semble avoir été une des leurs idées forces.

[...] Les démarches de L., de sa femme, née Anne W., de Schirmeck et de Krivine, au début de la semaine du 20 mai, montrent que les émeutes du mercredi soir 22 mai et du jeudi soir 23 mai n'ont pas été spontanées et que les foules ne se sont pas rassemblées uniquement à l'appel de Geismar et de Sauvageot pour protester contre l'interdiction d'entrée de Cohn-Bendit dans la matinée du 22 mai.

Dès le 20 mai, en effet, Gustave L. savait que les manifestations auraient lieu pour faire pression sur l'Assemblée nationale dont les débats s'ouvrirent le mardi 21 mai. [...]

Vers une action révolutionnaire de longue haleine

Gustave L. et ses proches collaborateurs ne croyaient pas, quant à eux, à un succès révolutionnaire immédiat. [...] En compagnie des penseurs des JCR, ils comptaient aider les étudiants français à tirer les leçons des dernières actions violentes et à se former sur le plan révolutionnaire par la lecture et le commentaire de Karl Marx et de Trotsky, avec l'aide de professeurs français d'extrême gauche et en compagnie d'ouvriers.

L. et ses amis font preuve d'une grande circonspection depuis que la situation s'est renversée fin mai. Ils ne veulent pas donner maladroitement à la police un droit de regard sur leurs entreprises. Les responsables du SDS ont vite manifesté leur propension à quitter Paris. Les uns se sont dirigés vers la province pour se mettre au « vert ». Les autres sont rentrés en Allemagne pour se renflouer financièrement auprès de leurs directeurs et commanditaires. [...] Parmi ceux ayant opté pour la province, ordre a été donné à certains de se diriger vers la Bretagne pour y prendre contact avec les séparatistes bretons, projet qui a, un temps, agité l'imagination de Cohn-Bendit. [...]

Troubles en octobre ?

Il est à prévoir [...] des troubles nouveaux dans les Universités à la rentrée d'octobre. Des incidents seront certainement provoqués par les mêmes provocateurs, avec une détermination d'autant plus farouche que les élections favorables au gouvernement les inciteront à poser leurs problèmes dans la rue. [...]

ST. RECHERCHES

Nº 427

Le 9 juillet 1968

N O T E

O B J E T : A/s de l'Association frabçaise dite "UNION DES ETUDIANTS JUIFS DE FRANCE", dont le siège est situé 6, rue Lalande à Paris (14°).

L'Association française dite "UNION DES ETUDIANTS JUIFS DE FRANCE", en abréviation "U. E. J. F.", créée à Paris au début de 1945, conformément aux dispositions de la loi du 1er juillet 1901, a été déclarée à la Préfecture de Police, le 19 juin 1945, où son dossier est enregistré sous le nº ASS. 8546 P.

Un extrait de cette déclaration a été publié au Journal Officiel du 13 juillet 1945, page 4340.

Son siège est situé, depuis sa création, 6, rue Lalande à Paris (14°), téléphone : 783-43-17.

Aux termes de ses statuts, l'Union des Etudiants Juifs de France, a pour buts:

.../

6/

Leur activité au sein de l'Association est très agissante, et ils donnent ainsi à ce groupement une orientation vers l'extrême-Gauche.

L'Association a pris part aux évènements de mai 1968, en participant à l'émeute. Certains de ses membres ont occupé les locaux de l'Association consistoriale israélite de Paris, 8 bis, rue de l'Eperon à Paris (6°).

Elle a abrité le Mouvement du 22 mars et a eu des rapports étroits avec COHN-BENDIT. Le Comité d'Action révolutionnaire du 14ème Arrondissement de Paris, avait également établi son siège à l' U. E. J. F..Il a d'ailleurs quitté les lieux le 26 juin, en emportant une partie de la caisse (500.000 anciens francs environ).

Depuis, les dernières élections législatives, les responsables de l' U. E. J. F. semblent s' être assagis.

Les étudiants juifs aussi

Les notes des RG ne sont pas nécessairement issues d'actions de surveillance à proprement parler, mais peuvent être le fruit d'opérations de « renseignement ouvert ». Les données fournies par la note du 9 juillet sur l'Union des étudiants juifs de France sont en réalité une synthèse d'informations disséminées mais librement disponibles : les mentions de siège, les statuts proviennent du dépouillement du Journal officiel, *les indications téléphoniques des annuaires, les autres informations de la presse et des tracts.*
Arch. nat., 19910607/22

11 juillet-14 août 1968

Un Festival sous haute surveillance

Par Emmanuelle Loyer

Jean Charbinat, commissaire central d'Avignon, a de bonnes raisons d'ouvrir grand les yeux et les oreilles en cet été 1968, été de tous les dangers à Avignon, qui abrite le 22e Festival de son histoire, quelques semaines après le mouvement social parisien. En une centaine de pages, il nous offre une éphéméride festivalière rapportant chaque jour son lot d'événements, à quoi s'ajoutent de nombreux *verbatim* ainsi que des coupures de presse.

Le commissaire prend très au sérieux le risque de subversion politique des contestataires « descendus » à Avignon – certains identifiés en tant que tels comme Georges Lapassade et Jean-Jacques Lebel, bêtes noires de la police avignonnaise. L'arrivée des « chevelus » du Living Theater, autour de Julian Beck, opère une transformation remarquée de la ville. Le regard du commissaire se fait alors plus ethnographique, observant, goguenard, le spectacle des beatniks et un style (vestimentaire) inédit : « Lewis frangé vers le bas, couvert de pièces, cheveux longs, barbe si possible et pieds nus… » Il note également la nouveauté des techniques de manifestation : des forums (plus que des parcours de marche auxquels la trame urbaine serrée d'Avignon ne se prête guère), des débats, des *lying* (se coucher devant l'entrée du Palais pour que les spectateurs soient obligés de vous passer sur le corps), se déshabiller pour faire scandale, lâcher des pintades dans la cour du Palais des papes…

Un parfum de scandale

Avec ses corps qui s'exhibent et s'enlacent, la pièce Paradise now, *présentée par la compagnie américaine Living Theater le 24 juillet, bouleverse le conformisme du Festival. Le maire d'Avignon en interdit les représentations.*

La chronique des incongruités du Festival est contrebalancée par la nécessité d'une intervention policière minimale, la plus discrète possible, afin de ne pas aggraver un climat local envenimé par l'élection récente d'un député de droite, Jean-Pierre Roux, face au maire socialiste, Henri Duffaut, accusé de laxisme. Les communistes et la CGT défendent le Festival et sont, comme la police et la préfecture, en étroite relation avec Paul Puaux, l'adjoint de Jean Vilar. Les effectifs de policiers sont d'ailleurs si « squelettiques » que les CRS d'Avignon doivent être renforcés par ceux de Montélimar et de Saint-Étienne, ainsi que par deux escadrons de gendarmes mobiles : 128 interpellations seront réalisées entre le 11 juillet et le 14 août – dont 111 Français, 46 étudiants, 2 ecclésiastiques… Dès fin juillet, les « furieux » du Living sont partis, les scènes d'hystérie collective ont disparu. Le 14 août, les autorités municipales offrent un aïoli collectif de réconciliation, tandis que, sur le pont d'Avignon, évoluent les danseurs de Béjart… Ni la logique de provocation/répression, ni la dualité préfectorale en place (Villeneuve-lès-Avignon dépend de celle du Gard, Avignon de celle du Vaucluse) n'ont provoqué les troubles graves que la concentration du public aurait pu entraîner. Fin du cauchemar d'un mois pour le commissaire Charbinat.

Rapport de Jean Charbinat sur le festival d'Avignon, août 1968

Le commissaire central Jean Charbinat, entré dans la police en 1943, est un témoin privilégié du Festival d'Avignon. Son rapport de 116 pages en décrit précisément l'atmosphère. Les services des RG, auxquels Jean Charbinat a appartenu, en conservent un exemplaire.

Arch. nat., 19870157/6 (pp. 233-235, extraits)

A V I G N O N 1 9 6 8

- Le FESTIVAL de la CONTESTATION -

Jean CHARBINAT
Commissaire Central

5. Le Festival, cible de la contestation

Les contestataires, au nombre d'une centaine, étaient venus spécialement à Avignon pour mettre en cause la tenue du Festival.

Ils étaient manipulés par deux meneurs notoires, Jean-Jacques Lebel et Georges Lapassade.

Des chanteurs à la guitare s'étaient installés sur la place de l'Horloge, au centre de la ville, point chaud de la contestation.

Ces guitaristes, le plus souvent de sexe féminin, détaillaient leurs compositions :

Ces égéries excitaient les garçons en fredonnant : "Allez-y les gars, montrez-nous que vous êtes des mâles"

- le vêtement :

être dans le vent au Festival d'Avignon signifiait pour certains une attitude de provocation vestimentaire : "Lewis" frangé vers le bas, couvert de pièces, cheveux longs, barbe si possible et pieds nus ; c'était le souci systématique d'adopter tout ce qui n'est pas classique.

Il y avait un snobisme de faire pauvre, de se déplacer à bord de voitures bringuebalantes, etc.

- le graffitisme :

Les trottoirs du centre ville et notamment la place de l'Horloge virent fleurir de nombreux graffitis : slogans révolutionnaires mais aussi portraits, silouhettes de bonne facture, de véritables fresques évoquant la faim dans le monde, le drame du Biafra, etc.

- Les objectifs politiques

Mais sous le couvert d'une agitation "culturelle" destinée à donner mauvaise conscience aux cadres de la société actuelle, les contestataires veulent, en fait, renverser les structures par l'agitation de rues, pour lui substituer un pouvoir prolétarien inspiré du marxisme-léninisme revu par Mao.

Les attaques contre la société de consommation ont pour objectif de détruire l'appareil de production pour rendre le pays vulnérable à une subversion politique.

Ce que certain pouvaient considérer comme un chahut étudiant, un folklore plus ou moins pittoresque, est en réalité une entreprise systématique préparatoire à une révolution totale, comme l'a exposé M. Marcellin, Ministre de l'Intérieur, dans ses discoursde Neufchâteau le 11 août et de l'Assemblée Nationale le 14 novembre 1968.

AVIGNON

AVIGNON
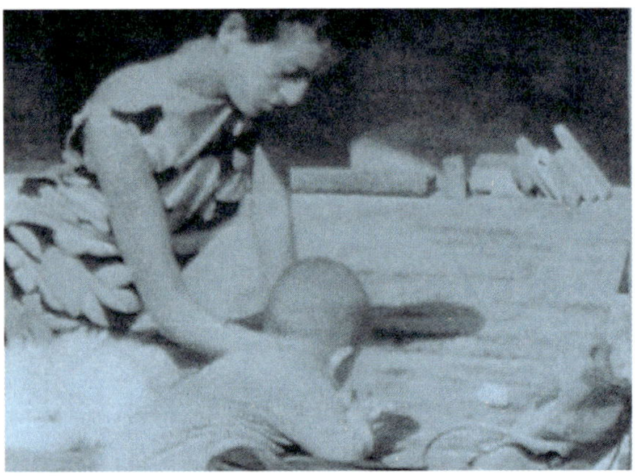

Le Festival d'Avignon au JT de 20 heures, 27 juillet 1968

Quelques semaines après la levée des barricades, le Festival de l'été 1968 ne pouvait pas être paisible. Mais personne n'imaginait que Jean Vilar puisse être pris à partie, et présenté comme le tenant du conformisme, l'incarnation du pouvoir. Le Festival se poursuit coûte que coûte, dans une ambiance houleuse ponctuée des cris « Vilar, Béjart, Salazar ».
INA, I00011946

3.

APRÈS LES

ÉVÉNE
MENTS

Dans une allocution donnée depuis le palais de l'Élysée la veille du second tour des élections législatives, le 29 juin, le général de Gaulle s'adresse non sans émotion à la nation : « Maintenant que semble s'éloigner une épreuve qui eût emporté tout autre régime que le nôtre et que nous n'avons, sur le moment, surmontée que grâce à un gouvernement solide et déterminé autour du chef de l'État, il est vital que la France reprenne sa marche en avant. »

Le Président réaffirme la nécessité d'une « vaste mutation sociale », exprimée en plusieurs réformes, corrélées à la notion de « participation ». Cela ne peut toutefois se faire, annonce-t-il, qu'à la condition, faute de laquelle toute réforme, « ne serait qu'un mot pour rire, que nous maintenions l'ordre partout, que tout en respectant les libertés d'opinion, d'expression et de réunion, ainsi que le droit de grève dans les conditions prévues par la loi, toutes les menaces et les violences soient brisées, que l'État s'oppose à ce qu'aucune autorité autre que la sienne ne s'exerce sur ce qui lui appartient, qu'en particulier, l'utilisation, la détention, l'occupation irrégulière des communications, transmissions, services et locaux publics soient interdites et empêchées ».

Le pouvoir tire donc des leçons des événements du printemps : anticipation des troubles à l'ordre public, administration et absorption si besoin des conséquences des événements de mai-juin, réformes. La marche à suivre est claire et le gouvernement, renouvelé en partie – le ministre de l'Intérieur Christian Fouchet est remplacé par Raymond Marcellin – doit s'y plier.

La valse des réformes

L'été 1968 ouvre une période d'intense activité dans les administrations en vue de la rentrée universitaire. Tous les moyens sont bons pour noyauter les troubles : Jacques Foccart, l'homme de l'ombre du général de Gaulle, révélera que la reprise en main des facultés « a été menée par le Service d'action civique (SAC) et les Comités de défense de la République (CDR) ». L'action d'Edgar Faure, à la tête du ministère de l'Éducation nationale, conduit à la loi d'orientation de l'enseignement supérieur du 12 novembre 1968. Plus discrètes, d'autres réformes institutionnelles sont décidées : militaires et policières notamment. Il s'agit moins de céder à une demande corporative que d'adapter les instruments du pouvoir à l'anticipation de futurs soulèvements et de s'attacher la bienveillance de certains corps : le temps de travail des CRS passe de quarante-huit heures à quarante-six heures trente hebdomadaires.

Les événements de mai-juin 1968 furent-ils les déclencheurs de telles réformes ou de simples accélérateurs ? L'un n'exclut pas l'autre et elles sont à replacer dans un temps long. Ainsi la loi Faure s'inscrit-elle dans un processus de transformation de l'enseignement supérieur commencé dans les années 1960 et qui se poursuit durant la décennie 1970.

Ces réformes ne pourraient avoir lieu sans l'efficace soutien étatique à la reprise économique : politique de crédit aux entreprises, diminution de la fiscalité. Au printemps, la production industrielle a été paralysée pendant près de cinq semaines, entraînant une baisse des exportations, un déséquilibre de la balance commerciale du pays et une diminution de la confiance des capitaux étrangers. Cette situation suscite l'inquiétude des marchés : un projet de dévaluation du franc est à l'étude en novembre 1968, balayé catégoriquement par le général de Gaulle. Ce n'est qu'après son départ en 1969 qu'une dévaluation, la première depuis 1958, sera décidée.

Une crise bien gérée

En somme, pour le pouvoir, les événements de mai-juin 1968 représentent une crise bien gérée, qui n'a pas réussi à ébranler la jeune Vᵉ République. Les puissances étrangères, par le biais des relations diplomatiques, félicitent les autorités françaises. L'ambassadeur de France à La Paz (Bolivie) rend ainsi compte le 18 juillet 1968 à Michel Debré, ministre des Affaires étrangères : « Dès le 23 juin [...], la presse sortit de sa réserve pour commenter fort élogieusement la façon dont le gouvernement français avait surmonté la crise et, à partir du 30 juin, ce fut sans aucune retenue qu'elle souligna longuement le succès du général de Gaulle. » Le même ambassadeur, dans cette Bolivie gouvernée par une dictature, rapporte les propos de la presse locale établissant que

« la réponse de la France à la subversion a été une leçon magistrale de démocratie ».

L'appel à la nation

Pour autant, le général de Gaulle reste attaché à faire « participer » le peuple français à la « rénovation ». La conférence de presse du 9 septembre est non seulement l'occasion d'annoncer réformes et maintien de l'ordre, mais également de réaffirmer la tenue d'un futur référendum, prolongeant celui ajourné du mois de mai précédent. La consultation portera sur la régionalisation et la réforme du Sénat : c'est la centralisation, d'une part, et la représentativité dans les institutions parlementaires, d'autre part, qui sont en jeu. L'allocution radiodiffusée du 11 mars 1969 qui présente le projet ne laisse pas de doute sur la filiation des propositions et sur la réponse souhaitée : le référendum est pensé comme « le choix entre le progrès et le bouleversement ». L'issue du vote (le non l'emporte avec 52,41 % des suffrages exprimés) impose au général de Gaulle son départ. Des élections présidentielles sont alors organisées. Parmi les sept candidats présents au premier tour, Georges Pompidou obtient plus de 44 % des voix contre 1,06 % pour Alain Krivine : la mobilisation contestataire de mai-juin 1968 n'est pas parvenue à entrer dans le champ parlementaire. Ce sont dans d'autres lieux – les familles, mais aussi les écoles et les prisons – que l'esprit de mai se fera désormais entendre.

CHAPITRE 1

Analyser

La « prise de parole » que représente le printemps 1968 ne s'arrête pas à l'été. Les manifestes, les déclarations sur les « événements » se multiplient à partir du mois de juillet pour tenter de comprendre les causes profondes de la crise et son endiguement. D'anciens membres du gouvernement (Christian Fouchet, Alain Peyrefitte) écrivent au général de Gaulle, les propositions d'analyses, parfois contradictoires, se multiplient, dessinant un programme de travail très précis au nouveau gouvernement de Maurice Couve de Murville nommé le 10 juillet. Les publications prolifèrent, la presse écrite revient sur les journées de mai, des travaux de recherche, notamment en sociologie, sont amorcés. Ces analystes, plus ou moins reconnus, sont parfois consultés pour éclairer la décision publique : Raymond Aron est ainsi auditionné le 18 septembre 1968 par la commission des Affaires culturelles, familiales et sociales de l'Assemblée nationale sur l'avenir de l'Université. Ces critiques *a posteriori* ne font pas oublier l'incapacité des traditionnels organismes d'analyse à avoir prévu et prévenu la crise : par conséquent, des ajustements sont opérés. Un conseil consultatif de la direction est ainsi créé en novembre 1968 à l'Institut national d'études démographiques ; la réforme du statut de chercheur au sein du Centre national de la recherche scientifique est accélérée.

9 juillet 1968

Les leçons de Christian Fouchet

Par Laurent Jeanpierre

Début juillet 1968, Christian Fouchet adresse au général de Gaulle un premier rapport sur les « événements ». L'homme a été au cœur de la « crise ». Comme ancien ministre de l'Éducation nationale (décembre 1962-avril 1967), il est à l'origine d'un « plan » qui a bouleversé les études supérieures en les divisant entre un cursus court et une formation longue. Les problèmes que posent ces réformes, de sélection et de débouchés, nourrissent le mouvement universitaire de mai 1968. Fouchet est alors ministre de l'Intérieur, chargé du maintien de l'ordre avec le préfet de police Grimaud et en liaison avec Pompidou, Joxe, Peyrefitte, Messmer et de Gaulle.

Résistant de la première heure à Londres à 28 ans, gaulliste dit « de progrès » ayant participé au gouvernement Mendès France en 1954, il a déjà fait preuve de fermeté contre les partisans de l'Algérie française lorsqu'il était haut-commissaire, après les accords d'Évian. « Ce n'est pas inconsistant, des étudiants, expliquera-t-il à la radio peu après Mai 68, mais enfin ce n'est pas très sérieux dans les chahuts. Je me rappelle ma jeunesse, et, croyez-moi, j'ai chahuté autant et même plus qu'eux. [...] J'ai manifesté le 6 février [1934], j'ai vu des types se faire tuer à balles. » Le 19 mai 1968, Fouchet fait donc partie de ceux qui convainquent De Gaulle de ne pas faire évacuer le théâtre de

Agenda de Christian Fouchet, 30 mai-2 juin 1968

Cet agenda a été corrigé a posteriori *par l'ancien ministre de l'Intérieur. Des événements non prévisibles surgissent : au 30 mai « dissolution A[ssemblée] n[ationa]le » et « énorme manif[estation] gaulliste », au 31 « My exit of gov[ernemen]t », au 1er juin « Passation Intérieur à Marcellin ». Le gouvernement Pompidou IV est en effet remanié le 31 mai.*
Arch. nat., 97AJ/5

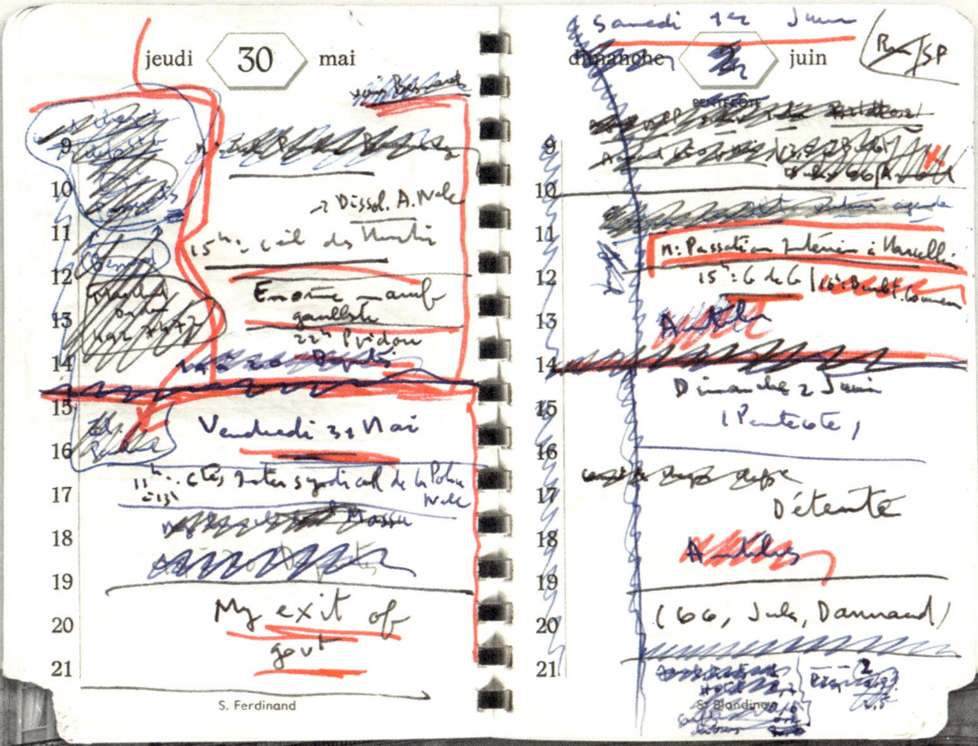
jeudi 30 mai
S. Ferdinand
Vendredi 31 Mai
My exit of govt
dimanche 2 juin
Samedi 1er Juin
Dimanche 2 Juin
(Pentecôte)
Détente
(66, Jules, Dannaud)

l'Odéon en le prenant d'assaut. Et lorsqu'il affirma ce jour-là que les forces de l'ordre étaient « traumatisées », incapables de mener une opération au Quartier latin, De Gaulle lui aurait répondu : « Eh bien Fouchet, il faut faire ce qu'il faut avec la police : il faut lui donner de la gnôle ! » Le 31 mai, ce fidèle est limogé par le Président, Grimaud étant maintenu dans son poste. C'est un désaveu.

Dans son rapport, l'ancien ministre n'évoque ni les violences policières ni les morts du printemps. Il souligne l'impréparation des forces de l'ordre ainsi que les différences dommageables de formation entre police municipale, CRS et gendarmerie. Il insiste sur les dysfonctionnements de la chaîne de commandement : durant la nuit des barricades, il a pris, semble-t-il, la tête des opérations. Voilà pourquoi il regrette qu'un militaire comme « Bigeard » n'ait pas assisté Grimaud et dirigé l'ensemble des forces de l'ordre. Leur répartition géographique et leur moral sont, pour Fouchet, les autres éléments stratégiques du conflit. Il recommande de renforcer les Renseignements généraux, ce qui sera fait dans les mois qui suivent. Le rapport de Fouchet puis ses mémoires parues en 1971 complètent le témoignage du préfet Grimaud, publié en 1977. La confusion et la peur qui ont gagné les sommets de l'État percent entre les lignes : dans un régime où l'opinion acquérait un plus grand poids politique, des dirigeants qui étaient aussi d'anciens combattants eurent peine à faire face aux débordements de rue qu'inventaient « leurs » enfants. Fouchet annonce, en définitive, un tournant dans l'organisation répressive de l'État.

Rapport de Christian Fouchet au général de Gaulle, 8 juillet 1968.
Arch. nat., AG/5(1)/2227 (pp. 249 et 250)

Paris, le 8 Juillet 1968

Mon Général,

J'ai tapé moi-même, fort maladroitement, ces quelques pages... Vous voudrez bien en excuser la mauvaise présentation.

Je vous ferai tenir, si vous le permettez, dès qu'il sera au point, le récit intégral des journées de Mai telles que je les ai vues. Je souhaite qu'il emporte votre conviction, que vous voyiez bien que le Ministère de l'Intérieur a fait son devoir, avec les hommes et les moyens dont il disposait; mais qu'il fait tirer les conséquences de certaines erreurs, car le boulet est passé trop près pour que vous acceptiez de nous y exposer une seconde fois.

Il me reste le regret profond d'avoir senti tout cela (il vous souviendra peut-être que je vous en ai entretenu à plusieurs reprises) sans avoir pu - faute de temps - y remédier. La crise nous permet aujourd'hui d'aller plus vite. Puisse mon successeur en profiter. Je l'envie de tout mon coeur.

....

Veuillez agréer, mon Général, l'expression de mes sentiments fidèlement et affectueusement respectueux.

Juillet 1968

Rapport au Président de la République

En profitant de mes loisirs pour mettre noir sur blanc les souvenirs précis que je garde des journées de Mai, je suis surpris de ce qui vient tout naturellement sous ma plume. Si surpris que je me dispose à un nouvel inventaire de ma mémoire et des faits, pour être bien certain que je ne me trompe pas. Je vous ferai tenir, si vous le permettez, et dès qu'il sera rédigé, un résumé de l'ensemble dont la mise au point me demandera plus de temps. Mais, sans attendre, je voudrais vous faire part de trois conclusions à tirer des événements et dont je pense qu'elles sont importantes (Pour bien faire, il me faudra parfois un bref rappel des faits)

Le problème qui a été posé au Ministère de l'Intérieur n'était pas de venir à bout de ce qui avait été d'abord un immense chahut, trop longtemps toléré, et qui avait du coup, tourné à l'émeute violente. Il y eût suffi de l'emploi d'une faible partie de nos moyens. Mais il fallait rétablir l'ordre sans morts inutiles chez les jeunes. Le régime en eût été, autrement, marqué en France comme hors des frontières. C'est pourquoi j'avais donné l'ordre de tirer au cas où l'Elysée, Beauvau, Matignon, Grenelle etc... seraient attaqués, mais dans ce cas seulement.

Nous avons obtenu le premier résultat: pas de perte de vies humaines. Mais je suis convaincu que nous aurions très probablement atteint le second, rétablissement de l'ordre, si la réouverture - et du coup l'occupation par l'émeute - de la Sorbonne n'avait pas tout remis en question le II Mai. Cette brutale "desescalade" a très certainement été une erreur majeure. Elle a entraîné la grève générale. Puisque le Gouvernement, cependant maître du terrain, capitulait ainsi, il capitulerait également devant les grévistes. Elle a par ailleurs porté un coup sensible au moral des forces de l'ordre qui eurent l'impression d'être desavouées.

.../...

TRANSCRIPTION DU DOCUMENT (EXTRAITS)

Rapport de Christian Fouchet au général de Gaulle, juillet 1968

[...] J'ai pu constater durant tout le cours du mois de mai à quel point l'organisation des forces de l'ordre, tout en restant sans cesse en fin de compte maîtresse de la rue, n'était pas faite pour de tels affrontements. La police municipale n'avait jamais connu de telles conditions depuis 1934 et le précédent était inquiétant. Même pendant les affaires du FLN puis de l'OAS, elle n'avait eu à faire face à une telle résistance et, en outre, elle s'était toujours sentie soutenue par la population parisienne [...].

Les gendarmes et les CRS par contre, troupes très solides et entraînées, pouvaient inspirer toute confiance ; mais il est évident qu'elles n'étaient plus, elles non plus, préparées à des chocs avec des éléments très jeunes, très légers et donc très rapides, alors qu'elles-mêmes, très dépendantes de leurs matériels mécaniques, n'avaient guère de souplesse dans la manœuvre [...]. Il est tout à fait certain, par ailleurs, que ces forces ne furent jamais employées comme il convenait qu'elles le fussent. La raison en est qu'on ne s'improvise pas général de division, en opération de maintien de l'ordre. Le préfet de police n'a cessé, durant tout le mois de mai, de faire preuve des plus rares qualités de loyauté, d'intelligence et en fin de compte de courage. [...] Mais il n'était pas un spécialiste de la bataille de rue. [...] Le ministre de l'Intérieur regrette aujourd'hui de ne pas avoir passé outre aux objections qui lui étaient faites et de ne pas avoir exigé la nomination aux côtés du préfet de police, d'un chef opérationnel, du type « Bigeard », ayant la responsabilité entière et le commandement direct de tous les moyens, en dehors et au-dessus de tous les échelons intermédiaires de la préfecture de police. La nomination de ce chef opérationnel me paraît dès à présent et pour l'avenir proche ou lointain absolument nécessaire. C'est ma première conclusion.

Une deuxième conclusion me paraît s'imposer du fait de la carence presque absolue du renseignement pendant les journées de mai. [...]

La troisième conclusion concerne l'emploi de l'armée. En dehors de la gendarmerie, l'armée n'a apporté qu'une faible contribution à nos moyens actifs. Très visiblement le commandement répugnait à faire appel au contingent, nullement préparé moralement ni d'ailleurs techniquement au maintien de l'ordre. Il répugnait également à l'emploi de troupes plus solides (parachutistes) qui recourent trop facilement au feu. [...]

Création d'un commandement opérationnel à la préfecture de police, refonte totale du Renseignement, création de nouvelles unités de l'armée pouvant coopérer au maintien de l'ordre, je suis sûr que c'est là une nécessité nationale. Certes des événements comme ceux de mai ne sont peut-être pas à craindre dans l'immédiat ; mais d'une part, ce n'est pas sûr ; de l'autre, si nous devons nous endormir dans le ronron de la routine, nous serions impardonnables.

CHAPITRE 2

Réformer

Les événements du printemps 1968 accélèrent, voire suscitent, plusieurs réformes institutionnelles, largement étalées dans le temps, comme l'indique la lente réforme du statut de l'ORTF. Celles-ci peuvent prendre une forme règlementaire (réforme du temps de travail des CRS) ou législative (mise au vote parlementaire pour la loi sur les universités proposée par Edgar Faure). La réforme universitaire prend tout particulièrement une dimension médiatique forte, en partie souhaitée par le gouvernement : les troubles avaient commencé dans le monde étudiant et il s'agit, pour le pouvoir, de montrer et d'affirmer la reprise en main de ce secteur. Aux côtés de ces mesures phares, réformer ou infléchir des politiques publiques peut passer par des mesures plus discrètes : la loi de finances pour l'année 1969, votée en 1968, traduit les nouvelles orientations politiques à travers les évolutions budgétaires. Ainsi, entre la loi de finances du 21 décembre 1967 pour l'année 1968 et celle du 27 décembre 1968 pour l'année 1969, les budgets alloués aux ministères de l'Intérieur et de l'Éducation nationale augmentent sensiblement, permettant de futures créations de postes. Quant à la loi du 27 décembre 1968, créant la section syndicale d'entreprise, elle est le prolongement des acquis sociaux négociés à Grenelle.

12 novembre 1968

Vers une nouvelle Université

Par Antoine Prost

La loi Faure du 12 novembre 1968 mérite bien son nom, car Edgar Faure l'a conçue et menée à terme avec une énergie rare. Dans son discours à l'Assemblée nationale du 24 juillet, le nouveau ministre de l'Éducation nationale avait manifesté une compréhension des « événements » rare alors, et annoncé son ambition : la conception napoléonienne centralisée et autoritaire de l'Université étant périmée, il fallait la reconstruire sur les principes de l'autonomie, de la participation et de l'interdisciplinarité.

Il se met lui-même au travail avec quelques collaborateurs. Il faut aller vite : sans réorganisation radicale de l'enseignement supérieur, les étudiants ne rentreront pas. Le projet de loi est fraîchement accueilli par le gouvernement. Suspect pour les uns de livrer l'Université aux révolutionnaires, il va beaucoup trop loin pour les réformateurs modérés. Au terme d'un conseil restreint décisif, le 2 septembre, Edgar Faure obtient un feu vert sur l'essentiel. Sa démission aurait créé de tels problèmes que force est de le laisser faire. Mais Matignon et l'Élysée s'attachent à édulcorer son texte. Adopté par le gouvernement le 19 septembre, le projet est soumis au Parlement en octobre et adopté à l'unanimité grâce à l'abstention communiste.

Première version du projet de loi sur la réforme de l'Université, [août 1968]

Dès son arrivée en poste, Edgar Faure a une feuille de route claire : proposer une solution d'envergure pérenne à la crise étudiante et préparer la rentrée scolaire et universitaire de l'automne 1968. Toutefois, ce texte se limite à l'Université et ne concerne pas les grandes écoles : le double système de l'enseignement supérieur est maintenu.
Arch. nat., 20080033/5 (pp. 254 et 257)

1ere Version

Corrections Cuff Bienaymé

EXPOSE DES MOTIFS

chapeau : réforme générale de l'Ed. Nat. en voici le 1er volet.

I. - 1) - Fixée dans ses principes par le décret du 17 Mars 1808, l'Unoversité impériale ~~l ai scait~~ assignait à l'enseignement supérieur deux missions. Il devait, par les cours, assurer l'approfondissement d'une culture adaptée à une classe privilègiée, ~~et~~ conçue comme un savoir traditionnel, comme un art de penser, sinon de vivre, et comme un agrément. Par la collation des grades, il devait faciliter à la même classe sociale l'accès des carrières qui lui appartenaient. Pour parvenir à ses fins, l'Université impériale mettait en oeuvre une conception autoritaire, centralisatrice, aristocratique de l'enseignement que traduisaient notamment l'organisation des Facultés, et la ~~place prépondérante, sinon exclusive,~~ chaire magistrale ~~faite au cours magistral dans la transmission de la culture~~.

réalité non objectif

2) En 160 ans, la société française et le monde devaient subir plus de bouleversements qu'ils n'en avaient éprouvés en de nombreux siècles. Les causes et les effets en sont connus : ils ont imposé une irrésistible mutation qui n'a épargné, dans les pays modernes, aucune structure, aucune méthode.

Pourtant l'enseignement supérieur, quoique secoué de nombreuses réformes restait, dans son ensemble, soumis à l'idée napoléonienne,

très bon centralisation autoritarisme # autonomie ~~autonomie~~ participation d'une autonomie des petites unités mobilité

./.

La loi remplace les facultés par des universités pluridisciplinaires auxquelles De Gaulle refuse que les grandes écoles puissent s'associer. Elle met fin au pouvoir exclusif des professeurs d'université et à la tutelle directe de l'État. Plus de doyens nommés par le ministre : des présidents élus pour cinq ans par des conseils eux-mêmes élus, composés paritairement d'enseignants et de non-enseignants – dont les étudiants – et, dans le groupe enseignant, autant de professeurs que d'assistants ou maîtres-assistants. Edgar Faure obtient l'autonomie financière et le contrôle *a posteriori* des dépenses. On discuta beaucoup des conseils régionaux – qui n'existeront pas – et du conseil supérieur, le Cneser. Ce ne fut pas une sorte de parlement présidé par un élu et doté de grands pouvoirs, mais un simple conseil présidé par le ministre.

La recherche relève désormais de conseils scientifiques. Ce point, introduit par l'Assemblée, est adopté sans discussion. Il est essentiel : ni les professeurs, auxquels la loi retire leurs pouvoirs antérieurs, ni les autres enseignants n'auraient accepté que la recherche dépende de conseils où les étudiants pourraient faire la décision.

Les débats furent vifs en revanche autour de trois sujets : la part des professeurs dans les conseils, l'influence des étudiants et l'introduction de personnalités extérieures. Les députés donnèrent une majorité aux professeurs dans la représentation enseignante, soumirent la représentation étudiante à des conditions de participation aux élections et Edgar Faure obtint que les universités décident elles-mêmes de la place faite aux personnalités. L'avenir de la loi Faure se joua autour des premières élections étudiantes. Ce cap franchi, elle fut révisée plusieurs fois, mais elle a fondé les universités d'aujourd'hui.

de telle manière qu'un système autrefois conçu pour quelques centaines de privilègiés, tentait, un siècle et demi plus tard, de s'adapter à 600.000 étudiants. Ce système n'était pas mauvais en soi. Mais il avait été imaginé dans un autre monde pour d'autres besoins. Au long des années ses vertus même avaient engendré les conditions de son dépérissement. L'évolution de la société nationale et internationale l'avait caricaturé pour n'en plus montrer, le plus souvent, que les défauts.

3) - Cette rupture entre l'Université et son temps se vérifie d'abord au niveau des structures. Le cadre rigide de la faculté napoléonienne a contraint au maintien d'organismes pléthoriques, de dimensions inhumaines, donc empêchés de remplir leur tâche. A l'inverse la création autoritaire de nouvelles facultés a parfois mis en place des unités trop fragiles. Le centralisme, conçu pour assurer la coordination a engendré l'étouffement. Il n'a plus harmonisé les initiatives, il les a paralysées.

L'immobilité, en un temps de mouvement constant et rapide, a été la grande maladie de ces structures. Les symptômes en sont nombreux et variables : le sous encadrement des enseignés par les enseignants qui a contraint ceux-ci, soucieux d'assumer leur tâche, a parfois sacrifier la recherche ou le renouvellement de la culture ; les retards pris dans la pénétration des connaissances ou dans leur

./.

« De ce que l'université française était ainsi séparée de son temps, inadaptée aux exigences du monde contemporain et de la concurrence internationale, chaque génération d'enseignants et d'étudiants, tour à tour, prit conscience. D'année en année, ce système est devenu plus intolérable. »

Projet de réforme de l'Université, novembre 1968

6 août 1968

L'ORTF sous contrôle

Par Michelle Zancarini-Fournel

Le conflit de l'Office de radiodiffusion-télévision française (ORTF) est le seul qui ait donné lieu, dans le secteur public, à une véritable épuration à la suite des grèves et manifestations de mai-juin 1968. Cela s'explique par le rôle essentiel attribué par le général de Gaulle, puis par Georges Pompidou, à la télévision qui doit être la « voix de la France » et contribuer à une mise en scène de la nation.

Cet établissement public à caractère industriel et commercial est chargé depuis 1964 du service public de l'audiovisuel. Le 14 mai 1968, l'intersyndicale des personnels de la télévision – 12 000 employés statutaires, plus les hors statut – exigent dans un communiqué un statut démocratique pour l'ORTF, réclament la démission du conseil d'administration et la fin de la tutelle de l'État. Le 17 mai, le personnel de la télévision se met en grève, suivi par les journalistes le 25 mai, pour qui toute objectivité est, à leurs yeux, impossible. Pourtant le service minimum n'est jamais remis en cause : jusqu'à la fin du mois de juin, techniciens et journalistes non grévistes assurent, chaque jour, un journal télévisé.

Face à la fermeté du nouveau ministre de l'Information, Yves Guéna, nommé le 31 mai 1968, les dirigeants syndicaux sont persuadés de ne pas pouvoir obtenir de concessions : l'intersyndicale, sous la pression des techniciens, majoritairement syndiqués à la CGT,

Épuration à l'ORTF

Cette note du secrétaire d'État chargé de l'Information, datée du 6 août 1968, revient sur la vague de licenciements qui a frappé les journalistes et la reprise en main très ferme à l'œuvre à l'ORTF.
Arch. nat., AG/5(1)/2685 (pp. 261 et 263)

SECRÉTARIAT D'ÉTAT
AUPRÈS DU PREMIER MINISTRE
CHARGÉ DE L'INFORMATION

CABINET

PARIS, LE 6 août 1968

69, RUE DE VARENNE (VIIe)
TÉL. : 468-73-69

N O T E

-:-:-

a/s Situation à l'O.R.T.F. à la suite des licenciements de journalistes.-

Les mesures individuelles portant suppression de 101 emplois de journalistes de l'actualité parlée et télévisée ont été notifiées les 31 juillet, 1er et 2 août.

Un certain nombre de ces notifications n'ont pas encore atteint leurs destinataires, absents de PARIS à cause des vacances.

Des différents contacts qui ont été pris par les dirigeants de l'Office et des informations que j'ai pu moi-même recueillir, les conclusions suivantes peuvent être tirées :

1°) les licenciements ont suscité une effervescence certaine parmi les journalistes et des remous parmi les autres personnels (techniciens notamment) mais, pour le moment, il ne semble pas se dessiner de mouvement d'ensemble de protestation : les organisations syndicales se sont bornées à des tirades véhémentes, sans annoncer encore comment celles-ci se traduiraient dans les faits ; il est cependant à prévoir que les prochaines semaines verront se développer des actions tendant à la réintégration des agents congédiés, actions qui pourraient prendre notamment la forme d'arrêts de travail limités ;

2°) une partie de la presse écrite (*Le Monde* et *Combat*, notamment) souhaite manifestement faire durer les choses ;

./...

annonce la fin de la grève le 23 juin. Pourtant, les journalistes, réalisateurs, producteurs et tous les personnels hors statut poursuivent le mouvement, pour l'honneur. Ils ne reprendront le travail que le 13 juillet.

Dès le 27 juin, la direction annonce la suppression des magazines d'information et le départ des producteurs (hors statut) qui ont lancé le mouvement. Une note non datée du général de Gaulle fixe la ligne à suivre : ne rien changer et surtout pas le conseil d'administration cible des grévistes, mettre l'impartialité (et non l'objectivité réclamée) au poste de commandement, diminuer le personnel. L'Élysée ordonne la réduction du nombre de journalistes. Le 6 août 1968, une note du cabinet du secrétariat d'État chargé de l'Information auprès du Premier ministre annonce cent une suppressions d'emplois, notifiées aux journalistes concernés entre le 31 juillet et le 2 août 1968. Entre-temps, le ministère de l'Information a été remplacé par un secrétariat d'État directement sous la coupe du Premier ministre. Derrière cette politique de fermeté, agit la crainte sourde du prolongement de l'agitation sociale et politique à l'automne, non dénuée d'influences « complotistes » : la crainte de voir les « adversaires de la France, nombreux dans la presse anglo-américaine », alliés à des journalistes français – *Le Monde* et *Combat* sont visés explicitement –, soutenir les organisations syndicales.

il est à craindre que cet appui extérieur, joint aux manifestations de solidarité des syndicats nationaux de journalistes, n'entraine dans le courant du mois un durcissement des positions à l'intérieur même de l'Office ;

3°) à l'étranger les adversaires de la FRANCE, nombreux dans la presse anglo-américaine comme dans celle de l'Europe des Six, ont trouvé dans les licenciements un nouvel aliment à une campagne déjà ancienne ; la complicité de beaucoup de journalistes français leur a, bien sûr, été largement acquise ;

4°) l'évolution de la situation dépend en grande partie de l'autorité et de l'efficacité de l'équipe dirigeante mise en place au début du mois de juillet : si celle-ci parvient à la fois à rendre à l'Office des structures solides et à donner très vite satisfaction aux auditeurs et aux téléspectateurs (pour le moment un peu frustrés), il n'y aura pas de "révolution d'octobre" (ou de septembre) à l'O.R.T.F. ; sinon, on peut craindre, avec les pessimistes, que - le climat social général aidant - un renouveau de l'agitation à l'O.R.T.F. vienne servir de prétexte à une relance automnale de l'agitation politique en FRANCE.

C'est pourquoi j'ai donné des instructions très fermes au Directeur Général de l'O.R.T.F. pour que le mois d'août soit à l'Office un mois de travail intense (ce que souhaite d'ailleurs une grande partie du personnel) et pour que la réorganisation des structures de l'O.R.T.F. dans le sens de l'autorité et de l'efficacité soit menée dans les plus brefs délais.

5°) dans l'immédiat, le point de savoir si les organisations syndicales accepteront ou non de discuter avec la Direction de leur représentation au Conseil d'Administration ou à la Commission Consultative et des modalités d'ouverture des discussions sur le Comité d'Entreprise constituera un symptôme significatif quant à leurs intentions ultérieures.

Leurs représentants devraient faire part au Directeur Général de leurs intentions à cet égard au cours de l'audience qu'ils ont sollicité de lui pour le 7 août, et au cours de laquelle ils souhaitent examiner avec lui l'ensemble des problèmes qui se posent à l'Office.

LE GÉNÉRAL DE GAULLE

1° Statut, rien à y changer.

2° Conseil d'Adm^on :

24 membres

12 repr. de l'État,

5 personnel

1 presse écrite,

2 téléspectateurs

4 personnalités.

Parmi les repr. de l'État,

1 Conseiller d'État,

1 Cons. des Comptes.

1 Cons. de Cassation

1 Universitaire.

1 Militaire.

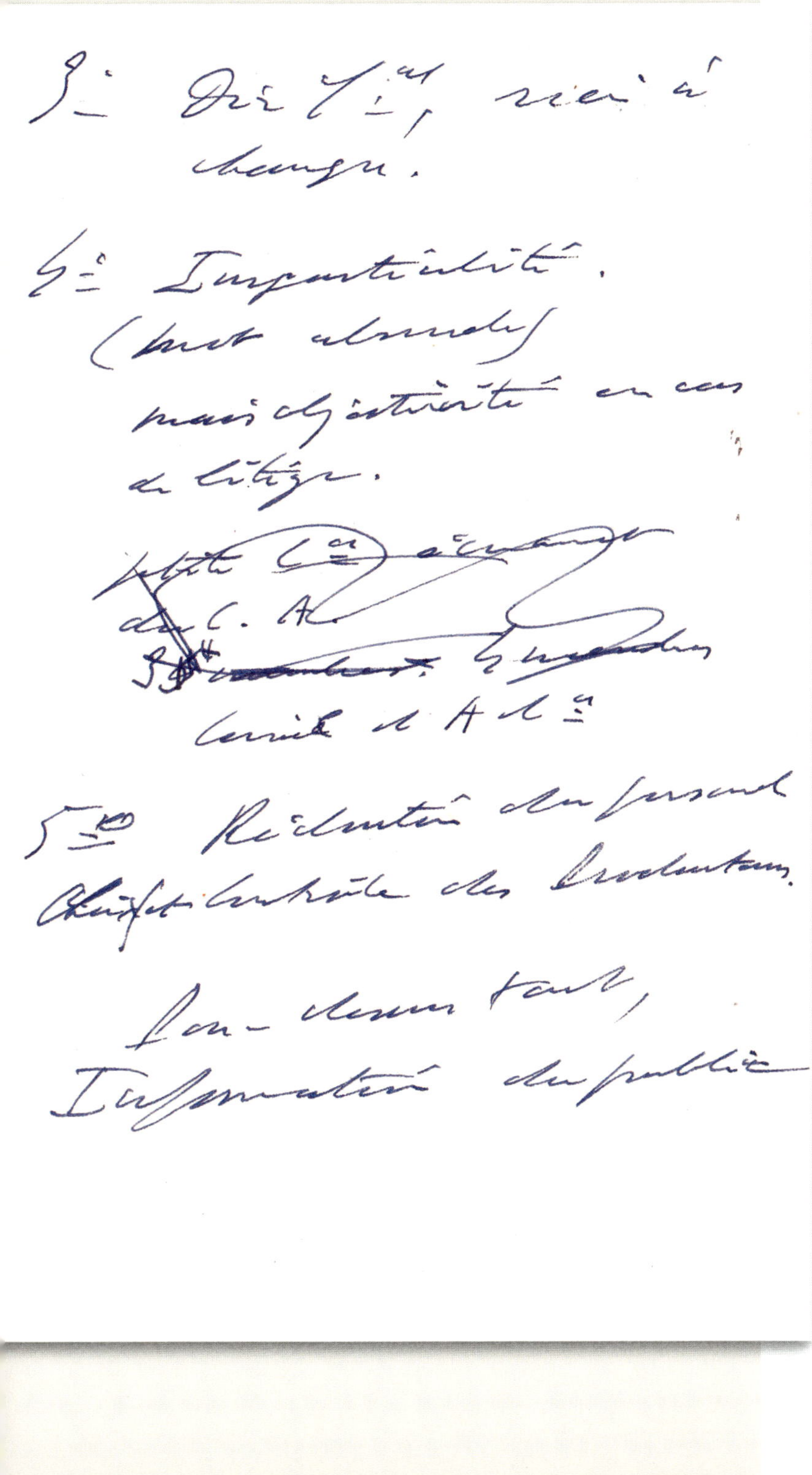
3° Direction centrale, rien à changer.

4° Impartialité.
(mot absurde)
mais objectivité en cas
de litige.

Comité d'A°

5° Réduction du personnel
Choix et contrôle des producteurs.

Par-dessus tout,
Information du public

Note du général de Gaulle sur la réforme de l'ORTF, [août] 1968

1. Statut, rien à y changer
2. Conseil d'administration :
24 membres
12 représentants de l'État
5 personnel
1 presse écrite
2 téléspectateurs
4 personnalités
Parmi les représentants de l'État,
1 conseiller d'État
1 Cour des comptes
1 Cour de cassation
1 universitaire
1 militaire
3. Direction centrale, rien à changer
4. Impartialité
(mot absurde)
mais objectivité en cas de litige
5. Réduction du personnel
Choix et contrôle des producteurs
Par-dessus tout
Information du public
Arch. nat., AG/5(1)/2685

Mme (65 ans)
77 rue de Tourneville
Le Havre

23 Août 1968

Madame

Nous n'avions jamais ~~tant~~ écouté France Inter qu'entre le 13 mai et le 3 Juin dernier. Hélas !, cela n'a pu durer ! Nous nous reportons donc, comme avant, sur les postes périphériques, notamment Radio Luxembourg dont nous apprécions l'<u>objectivité</u> et l'<u>honnêteté</u>

PS <u>Toute notre sympathie à tous les "limogés" de l'O.R.T.F.</u>

Courrier des auditeurs, juillet-août 1968

L'abondant courrier reçu par Jacqueline Baudrier montre que la grève à l'ORTF, très suivie par les auditeurs, divise l'opinion. Jacqueline Baudrier, rédactrice en chef des journaux parlés de 1962 à 1968, est une figure de proue des personnels non grévistes de l'ORTF. Sa fidélité lui vaudra d'être nommée directrice de l'information parlée, puis PDG de Radio France en 1975.
Arch. nat., 19900513/2

9 janvier 1969

Des forces de police en ordre

Par Émilie Charrier et Grégory Zeigin

Entre mai et juin 1968, trente compagnies républicaines de sécurité (CRS), soit la moitié des effectifs, ont été mobilisées à Paris. Les violences policières dénoncées par des slogans, tels que « CRS = SS », vont écorner pour longtemps l'image des forces de police. Pourtant, du point de vue de l'autorité, les CRS ont répondu plus que favorablement à la difficile mission qui leur avait été assignée. Le ministre de l'Intérieur, Raymond Marcellin, et le préfet de police de Paris, Maurice Grimaud, louent leur discipline, leur sang-froid, leur fermeté, leur cohésion et leur sens du devoir. Seize commandants de compagnie sont proposés, le 15 juin 1968, aux titres de la Légion d'honneur et de l'ordre national du Mérite.

Depuis la fin de la guerre d'Algérie, la permanence des CRS est remise en cause. En mai 1967, Henri Mir, contrôleur général des CRS, défend énergiquement la nécessité de maintenir un corps civil d'unités mobiles chargées du maintien de l'ordre. Il relaie, dans le même temps, les revendications des syndicats policiers qui réclament depuis plusieurs années des avantages pour les CRS en compensation des assujettissements de leur fonction et des conditions de services jugées trop strictes.

En démontrant tout leur savoir-faire et leur efficacité durant les événements de mai et juin 1968, les CRS obtiennent la reconnaissance du

Un nouveau régime du travail pour les CRS, 9 janvier 1969

Au sein de la direction générale de la Sûreté nationale, la direction de la Sécurité publique gère les compagnies républicaines de sécurité. Celles-ci bénéficient de réformes antérieures au printemps 1968 que les événements accélèrent et rendent d'autant plus nécessaires : les conditions et le temps de travail de ces unités en font partie.

Arch. nat., 19910697/1

MINISTERE DE L'INTERIEUR

SECRETARIAT GENERAL
POUR LA POLICE

DIRECTION GENERALE
DE LA SURETE NATIONALE

DIRECTION
DE LA SECURITE PUBLIQUE

SN/SP/A2/N° 212

REPUBLIQUE FRANCAISE

ARRETE du 9 Janvier 1969 fixant le régime de travail des compagnies républicaines de sécurité.

Le ministre de l'intérieur,

Vu l'article 27 du décret n° 48-605 du 26 mars 1948 portant réorganisation des compagnies républicaines de sécurité;

Vu le protocole d'accord, en date du 2 juin 1968, conclu entre le gouvernement et les organisations syndicales de la fonction publique;

Vu le décret n° 68-70 du 24 janvier 1968 fixant les dispositions communes applicables aux fonctionnaires des services actifs de la police nationale, notamment ses articles 30, 31 et 32;

Sur la proposition du secrétaire général pour la police,

Arrête :

Art. 1er. - L'arrêté du 5 avril 1968 fixant le régime de travail des compagnies républicaines de sécurité est abrogé et remplacé par les dispositions suivantes :

TITRE V

Emploi du personnel.

CHAPITRE PREMIER

Le service à la résidence.

Article 84 - Le service.

Le personnel est en service :

- soit lorsqu'il exécute une mission de police ou des tâches préparatoires à cette mission ou des travaux d'intérêt général;

.../...

gouvernement. Le 29 juillet 1968, le ministre de l'Intérieur accorde trois jours de repos exceptionnels aux personnels actifs de la police nationale. Le nombre de services d'ordre exécutés par les CRS en mai 1968 était, il est vrai, plus de trois fois supérieur à la moyenne habituelle (147 000 déplacements collectifs en mai contre 47 000 en avril). Les CRS bénéficient, de plus, des évolutions importantes en matière de rémunération et de durée de travail obtenues par les organisations syndicales de la fonction publique en application du protocole « Oudinot » du 2 juin 1968, qui s'applique également aux effectifs de police active. L'arrêté du 9 janvier 1969 leur accorde ainsi une réduction du temps de travail, leur durée hebdomadaire de travail passant de quarante-huit heures à quarante-six heures trente. Le régime du casernement s'assouplit également par la mise en place d'un service par cycle de huit semaines. Le roulement par groupe au sein d'une compagnie permet la généralisation pour tous de la semaine de cinq jours suivis de deux jours de repos consécutifs. En contrepartie et pour garantir l'ensemble des services de maintien de l'ordre, le ministère de l'Intérieur décide d'augmenter ses effectifs. Les quatre mille emplois perdus depuis 1964 dans les compagnies sont comblés, dès 1969, par la mise en place d'une importante campagne de recrutements qui se double de la création de deux nouveaux centres de formation des CRS.

Ainsi, les événements de mai et juin 1968 ont permis aux CRS de renforcer leur statut et leurs moyens et de s'affirmer comme une force indispensable à la politique sécuritaire de Raymond Marcellin.

LA POLICE VOUS PARLE
tous les soirs
à 20h.
ORTF

CHAPITRE 3

Patrimonialiser

Mai-juin 1968 est sans doute l'un des premiers événements de l'histoire contemporaine à faire l'objet, au moment même où il se déroule, d'une patrimonialisation. On sait que des collectionneurs venaient chaque jour à l'Atelier populaire des Beaux-Arts chercher les nouvelles affiches produites. Ce souci de conservation est présent chez les acteurs eux-mêmes. Les enseignants archivent les tracts et les rapports produits par les étudiants ; des archivistes militants font les poubelles des boulevards à Paris comme en province. À peine l'été venu, certains rédigent leurs souvenirs, et s'opère une mise en récit par un ensemble de publications (tracts, affiches, etc.). Plus tard vient la rédaction de mémoires de multiples acteurs de l'autorité : Pompidou, Fouchet, Grimaud. Tout se passe comme s'il convenait au plus vite de ranger 68 dans une vitrine. À l'occasion du dixième anniversaire, des premières expositions ont lieu. Les photographies des occupations des usines et des universités y sont présentées dans des albums. La préfecture de police de Paris en fait un des objets de son trésor.

LA CHiENLiT
C'EST LUi !

Les affiches des Beaux-Arts au musée

En 1968, Michel Quétin, archiviste paléographe aux Archives nationales, sillonne à bicyclette les rues de Paris pour collecter et recueillir les traces documentaires du mouvement social. Il se rapproche des comités d'action, des collectifs de toute sorte dont il collecte soigneusement les traces. Après l'entrée de la police à l'École des beaux-arts, le 27 juin, Michel Quétin convainc Jean-Pierre Babelon, directeur du musée de l'Histoire de France aux Archives nationales, de récupérer les archives restantes de l'Atelier populaire des Beaux-Arts. Les collections du musée sont héritières de cette collecte : les sérigraphies y côtoient les projets d'affiches inédits.
Arch. nat., AE/II/4203/4

23 janvier 1969
L'album mémoire

Par Christian Hottin

Avec sa reliure soignée, ses coins vert sapin « façon cuir », son cordon qui retient les pages où sont soigneusement collés les clichés, bien légendés, l'album du rectorat évoque plus celui d'une famille bourgeoise qu'un recueil de pièces à convictions. Tel semble pourtant être sa fonction première, au sein de cette boîte d'archives où il côtoie correspondances et dépôts de plaintes se rapportant aux dégradations causées en Sorbonne par l'occupation étudiante.

Dans cet album, les outrages subis par les bureaux du recteur Roche et du secrétaire général Bartoli s'étalent sous nos yeux. Dégâts plutôt modestes, au demeurant : secrétaires forcés, armoires ouvertes, papiers répandus et des graffitis en nombre, sur les murs, les abat-jour, les tableaux et même sur la plaque du monument aux morts. « CAL vaincra », pour Comité d'action lycéen, est un des messages les plus fréquents, aux côtés de citations de Marx ou de Mao. Sur un portrait de Richelieu assis, un phylactère fait dire à l'illustre ministre : « Détournons l'art de sa fonction. L'art est mort, vive la révolution. » Dans le coin opposé du tableau, une autre inscription fait office d'épitaphe : « L'Humanité ne sera heureuse que quand le dernier cardinal aura été pendu avec les tripes du dernier homme d'État. »

Album photographique du rectorat de Paris, janvier 1969

Cet album existe en deux exemplaires. Une erreur d'analyse archivistique l'a rapproché des événements de mai 1968, alors qu'il retrace en réalité les dégâts survenus lors de troubles à la Sorbonne en janvier 1969. Cette contamination mémorielle, permise par la proximité apparente des slogans et des graffitis recensés, témoigne de l'importance immédiate dans la mémoire collective des événements.

Arch. nat., 20000387/23 (pp. 277 et 279-281)

BUREAU de M. le RECTEUR ROCHE
OUI, LE PROLÉTA
RIAT EST BIEN
L'HÉRITIER DE
L'ART MODERNE!
CULTIVEZ

Les références politiques, le *modus operandi*, le lieu – le siège du pouvoir académique, dont les étudiants sont en principe exclus –, tout paraît rattacher ces photographies à l'occupation de la Sorbonne en mai et juin 1968. Le répertoire numérique des Archives nationales ne s'y trompe pas : « 20000387/23 : dégradations dues à Mai 1968 : [...] 4 albums et photographies des dégâts causés en Sorbonne par l'occupation des étudiants et des "Katangais". Juin-août 1968 ».

Et s'il se trompait néanmoins ? De fait, un autre graffiti sème le doute : « Jeudi 23 janvier 68, le rectorat commence à être vivable. » S'agirait-il des prodromes méconnus de la commune étudiante ? Mais le 23 janvier 1968 tombait un mardi... Intéressant exemple de *lapsus calami*, plutôt, car le jeudi 23 janvier correspond à l'année 1969. Ce jour-là, comme l'écrit un blogueur anonyme, jadis acteur de l'événement : « Nous tournions en rond dans cette foutue cour. [...] À la mi-décembre, la police avait fait évacuer la faculté de médecine de Paris [...], elle contrôlait les cartes à l'entrée du campus de Nanterre. Lequel de nos stratèges eut l'idée pour sortir de là de tenter une répétition du 22 mars ? [...] L'occupation de la tour administrative de Nanterre avait été un des déclencheurs de Mai – à la répression nous allions donc répliquer par l'occupation du rectorat de la Sorbonne. »

Plus qu'il ne documente une parcelle des événements, l'album du rectorat garderait donc la trace d'un événement méconnu, un fugace coup de main, rapidement maté par les forces de l'ordre et dont les auteurs subirent un juste châtiment, voyant annulés leurs sursis militaires. En janvier 1969, Mai 68 était déjà une référence historique, comme en atteste, paradoxalement, la référence archivistique fautive.

GALERIE DES LETTRES

CABINET de TOILETTE de M. le RECTEUR ROCHE

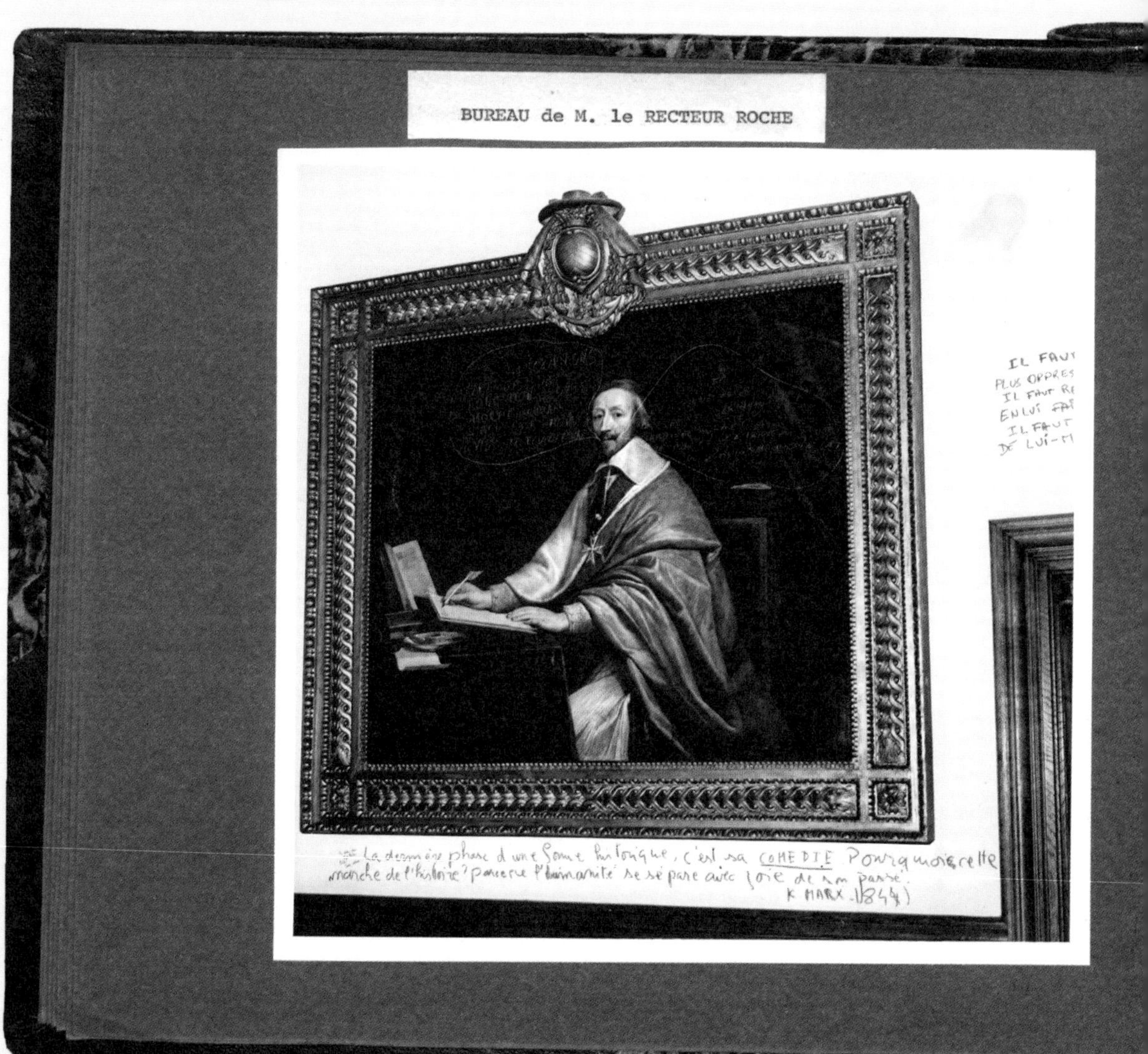
BUREAU de M. le RECTEUR ROCHE
IL FAUT
PLUS OPPRES
IL FAUT RE
EN LUI FAI
IL FAUT
DE LUI-M
La dernière phase d'une forme historique, c'est sa COMEDIE Pourquoi cette marche de l'histoire? pour que l'humanité se sépare avec joie de son passé.
K MARX 1844)

BUREAU de M. le RECTEUR ROCHE

1969-1974
Le Mai 68 de Pompidou

Par Jean-Louis Jeannelle

À tout gaulliste s'imposait ce que Jean Charbonnel, ancien secrétaire d'État de Pompidou, a nommé un « devoir de mémoire », où la fidélité que tout parti exige de ses membres se doublait de l'influence exercée par les *Mémoires de guerre*, récit fondateur relayé par les collaborateurs du général de Gaulle.

S'il fut si difficile à Georges Pompidou, Premier ministre au moment des « événements », d'en livrer le récit, cela ne tient pas uniquement au fait que ceux-ci résistaient au point de vue du pouvoir, mais surtout à l'inaccessibilité du modèle mémorial, préempté par le Général, même si Pompidou devint à son tour président en juin 1969. Son testament politique paru en 1974, *Le Nœud gordien*, s'ouvre sur un parallèle implicite avec mai-juin 1940 : « La crise de mai 1968, en me jetant dans le combat, en m'imposant de prendre davantage de responsabilités et de plus graves que dans la vie gouvernementale habituelle, a achevé de me marquer. »

Conclus le 27 mai, les accords de Grenelle ont témoigné avec éclat de la maîtrise politique de Pompidou, favorable à la négociation et persuadé que l'exercice du pouvoir reposait sur ses épaules. Sur l'une des copies d'épreuve de ses Mémoires, *Pour rétablir une vérité*, où il

Lettre de démission de Georges Pompidou, 30 mai 1968

Lorsque le Président disparaît pour quelques heures, le 29 mai, le Premier ministre ignore tout de sa destination : l'épisode de Baden-Baden, à ses yeux, scelle leur désaccord sur la gestion de la crise. Aussi, remet-il sa démission le lendemain au Général, qui la refuse.
Arch. nat., 555AP/NC

Le Premier Ministre

Le 30 mai 1968.

Mon Général,

Au moment où le dénouement de la crise nationale ne peut dépendre que de vos décisions, il importe que vous ayez toutes les clefs en main.

C'est pourquoi je crois de mon devoir de vous remettre ma démission des fonctions auxquelles vous m'avez fait l'honneur de me maintenir pendant six années.

Je vous prie d'agréer, mon Général, l'expression de mon dévouement et de mes sentiments de respectueuse fidélité.

G. Pompidou

est question de l'épisode, il a raturé un ajout dans la marge de gauche : « On a parfois prétendu que j'avais trop cédé et même contesté le Général. Qu'il me suffise de dire la consigne qu'il me donna le matin qui précéda Grenelle. "Il faut que vous aboutissiez à un accord, à n'importe quel prix" » ; dans la version finale, parue en 1982, le propos sera atténué. Las, les accords furent rejetés et la crise fut amplifiée, à ses yeux, par la soudaine vacance du pouvoir le 29 mai, qui « marqua » la rupture entre le Président et son dauphin : « Pour la masse, c'était moi qui avait tenu. Le Général avait été "absent". » Là encore s'esquisse un parallèle discret avec juin 1940 ; cet épisode n'offre pourtant que l'envers du fameux appel : quelle légitimité politique fonder sur ce que les gaullistes orthodoxes ont perçu comme une trahison, reprochée à Pompidou lors de l'annonce de sa candidature à la Présidence en juin 1969 ?

De fait, aucun des récits de Pompidou n'embrasse entièrement les événements. En 1974, *Le Nœud gordien* présentait 68 comme une « tragédie manquée », dont Pompidou multipliait les causes (délabrement de l'enseignement, nihilisme contemporain, agitateurs professionnels...), sans pouvoir revendiquer de victoire autre que par défaut – une révolution où le sang n'a pas coulé. Posthume, *Pour rétablir une vérité* révéla l'impasse à laquelle Pompidou s'était heurté : « Ce que je dis ici, j'aurais préféré que l'Histoire l'ignorât. Mais trop de gens ont été au courant pour que cela ne soit pas rendu public », écrivait-il ainsi au sujet de la lettre de démission remise au Général le 30 mai, en une étonnante disqualification du modèle mémorial, qui impose à l'inverse à qui s'y emploie d'adopter une assomption de soi, dont le Général avait fixé le modèle.

« Je ne sais si la vie me donnera le temps et le goût d'écrire mes mémoires. Mais il est des épisodes sur lesquels j'éprouve le besoin de m'expliquer, ne serait-ce que pour rétablir une vérité qui a beaucoup souffert des imaginations et des racontars. Il s'agit des événements de mai 1968 et de leur suite. [...] Reconnaissons tout de suite que je n'avais pas prévu ce qui est arrivé. »

Mémoires de Georges Pompidou

sivement Messieurs Séguy, Deschamp et Bergeron en tête-à-tête, pour mettre sur pied mon accord avec la C. G. T. Fin des discriminations, acceptation de soumettre les ordonnances sur la Sécurité Sociale au Parlement, légère diminution du ticket modérateur, M. Séguy se montra d'accord. En séance, chacun comprit que les jeux étaient faits. C'est "un accord fécond" déclara M. Séguy. Et je pus l'annoncer sous les caméras de la Télévision au pays qui m'avait beaucoup vu durant ces semaines et qui dut respirer.

Moi-même, rentré à Matignon, j'allais prendre deux heures de repos, convaincu d'avoir gagné la partie # et de l'avoir gagnée au moindre prix. #

Or tout était à reprendre. Quand je me retrouvai, en fin de matinée dans mon bureau, on m'apprit que les dirigeants de la C. G T avaient subi un échec chez Renault et que l'accord était repoussé par "la base". En fait, les dirigeants de la C. G. T. avaient surestimé leur autorité et négligé de "faire la salle". Les gauchistes et le P. S. U , aidés j'imagine par la C. F D T. et, peut-être, par des responsables locaux de la C. G. T. (on a parlé de désaccord entre Séguy et Krasucki) avaient fait donner leurs troupes.

Dans l'après-midi se déroulait la manifestation de Charlety, qui fut un échec pour les hommes politiques, notamment Mendès-France, mais qui venait compliquer la situation. Le P. C allait aussitôt en tirer les conclusions. Il s'agissait, pour lui, de reprendre la direction du mouvement. Il convoquait donc ses troupes à une grande manifestation pour le mercredi 29. Dans les couloirs de l'Assemblée, le trouble était, paraît-il, à son comble. En province, l'agitation était générale.

Le mardi matin, comme je le faisais tous les jours, je réunis les responsables du maintien de l'ordre. En prévision de la manifestation communiste, je donnais des instructions pour que les chars de Satory soient rapprochés jusqu'à Issy-les-Moulineaux. L'après-midi, comme si de rien n'était, je présidais la première discussion avec les syndicats de la Fonction Publique, où je trouvais une atmosphère un peu plus agitée qu'à Grenelle, notamment de la part de délégués F. O. que je dus remettre à leur place sèchement, ce qui réussit d'ailleurs fort bien.

Le soir, après dîner, j'avais rendez-vous avec le Général. Je le trouvais lassé. Il me dit : "Dormez-vous ?" "Oui, quand j'ai le temps". "Vous avez de la chance". Il me demanda ce que je pensais de la suite.

TRANSCRIPTION DU DOCUMENT (EXTRAITS)

Mémoires de Georges Pompidou

[...] J'engageais les conversations qui devaient nous mener, le samedi 25 mai, au ministère du Travail, rue de Grenelle. [...] Le samedi après-midi, je me trouvais en présence des organisations professionnelles et syndicats. Je dois dire que les réunions qui devaient se dérouler – avec une brève interruption dans la nuit du samedi au dimanche – jusqu'au lundi matin 8 heures, me donnèrent une impression réconfortante de sérieux. Le lundi matin, je sentais que le moment était venu de conclure. [...] En séance chacun comprit que les jeux étaient faits. C'est un « accord fécond » déclara M. Séguy. Et je pus les annoncer sous les caméras de la télévision au pays qui m'avait beaucoup vu durant ces dernières semaines et qui dut respirer.

Moi-même, rentré à Matignon, j'allais prendre deux heures de repos, convaincu d'avoir gagné la partie. [Et de l'avoir gagnée au moindre prix.]

Or tout était à reprendre. Quand je me retrouvai, en fin de matinée dans mon bureau, on m'apprit que les dirigeants de la C.G.T. avaient subi un échec chez Renault et que l'accord était repoussé par la « base ». En fait, les dirigeants de la C.G.T. avaient surestimé leur autorité et négligé de « faire la salle ». Les gauchistes et le P.S.U., aidé j'imagine par la C.F.D.T. et, peut-être, par les responsables locaux de la C.G.T. (on a parlé d'un désaccord entre Séguy et Krasucki) avaient fait donner leurs troupes.

Dans l'après-midi se déroulait la manifestation de Charléty qui fut un échec pour les hommes politiques, notamment Mendès France, mais qui venait compliquer la situation. [...] Dans les couloirs de l'Assemblée nationale, le trouble était, paraît-il, à son comble. En province, l'agitation était générale.

Le mardi matin, comme je le faisais tous les jours, je réunis les responsables du maintien de l'ordre. En prévision de la manifestation communiste, je donnais des instructions pour que les chars de Satory soient rapprochés jusqu'à Issy-les-Moulineaux. L'après-midi, comme si de rien n'était, je présidais à la première discussion avec les syndicats de la Fonction publique où je trouvais une atmosphère un peu plus agitée qu'à Grenelle, notamment de la part des délégués F.O. que je dus remettre à leur place sèchement, ce qui réussit d'ailleurs fort bien.

Le soir, après dîner, j'avais rendez-vous avec le Général. Je le trouvais lassé. Il me dit : « Dormez-vous ? » « Oui, quand, j'ai le temps » « Vous avez de la chance » [...].

Tapuscrit corrigé des mémoires de Georges Pompidou, 1968

La nomination d'un gouvernement dirigé par Maurice Couve de Murville décharge Georges Pompidou de ses fonctions. Il entreprend alors la rédaction de ses mémoires, publiées en 1982.

Arch. nat., 555AP/NC

1968-1969
Des archives pour l'histoire

Par Yann Potin

La Sorbonne a-t-elle failli brûler ? Et, avec elle, les archives historiques du rectorat et de l'université de Paris ? Voilà ce que semblent suggérer, comme autant de preuves d'une menace conjurée, photographies et multiples débris carbonisés. Lambeaux de livres d'étude et d'archives de la vie universitaire forment ici un florilège représentatif du quotidien de l'administration académique. D'où provient ce petit reliquaire d'un incendie qui n'eut pas lieu ? La vanité archéologique matérialise ici une double stratégie d'attestation par la trace – le sentiment d'avoir échappé à la catastrophe comme la preuve d'une perte bien réelle, en matière d'archives.

Si le mouvement d'occupation de la Sorbonne ne s'identifia à celui de la Commune que dans ses derniers jours, il est probable que les employés du rectorat de Paris, condamnés à jouer le rôle des « Versaillais », eurent le sentiment d'avoir échappé à l'incendie suicidaire. Cette collection de vestiges recueillis au lendemain de l'évacuation de la Sorbonne le 16 juin 1968 en témoigne avec vigueur : l'échantillon fait partie des papiers du secrétaire général du rectorat de Paris, Pierre Bartoli. En fonction de 1951 à 1976, ce dernier voulut-il ainsi réunir une série de preuves à charge ? Ou le geste de collecte n'avait-il

Les dégâts à l'intérieur de la Sorbonne, juin 1968

Ces photographies d'armoires renversées et de monceaux de papiers ne doivent pas tromper : en 1968, les destructions en Sorbonne sont rares. Si les dégâts causés sur le mobilier urbain sont réels, ce n'est le cas ni des papiers d'activité ni des bibliothèques. Les collectes aussitôt entreprises par des archivistes, des chercheurs et des anonymes témoignent d'une réelle conscience patrimoniale qui ne dit pas son nom.

Arch. nat., 20000387/23

ACADÉMIE
Archives
DE PARIS

qu'une valeur sentimentale, genre d'anti-mémorial personnel, à l'instar des pavés, bientôt disposés comme autant de trophées dans les appartements des anciens « soixante-huitards » ? Il est vrai que Bartoli avait contribué à consolider le service des archives du rectorat, en le transformant dès 1954 en mission des Archives nationales. C'est sans doute à ce titre, probatoire et défensif, qu'il mit de côté les débris de ce qui fut sans doute une des armoires des archives courantes et intermédiaires du rectorat, contenant des documents à jamais perdus, mais dont certains, comme les formulaires ou les copies, étaient sans doute promis à élimination ou échantillonnage.

Le fameux recueil de relevés de graffitis, *Les murs ont la parole* (Tchou, 1968) indique la trace de ce désir destructeur mais sans doute dépourvu de consistance pyrotechnique réelle. En fait d'incendie, le bilan des dégâts est relativement modeste : 112 000 francs de travaux à prévoir pour le local des archives, 395 650 pour l'ensemble des réparations de téléphone, d'électricité, de serrurerie, de maçonnerie, de menuiserie et de chauffage, 150 000 francs encore pour diverses prestations (dont 20 000 pour le sablage des murs et 7 000 pour la remise en état du grand amphithéâtre). Pas de doute : la mention spéciale pour les archives confirme leur fonction expiatoire. Étrange identification, à la limite du geste propitiatoire, où la Commune étudiante aurait pu, comme son aînée de 1871, s'achever dans les flammes et dans l'anéantissement des archives du pouvoir qu'elle avait conquis.

Vestiges du printemps 68

Pierre Bartoli, secrétaire général du rectorat de Paris en 1968, ramasse dans la cour de la Sorbonne, après son évacuation, les traces du printemps, un pavé et des papiers brulés.
Arch. nat., 729AP/NC/10 (pp. 291-293)

Pavé quartier
1968 Latin
2m
STANLEY
C25
FRANCE
20°C

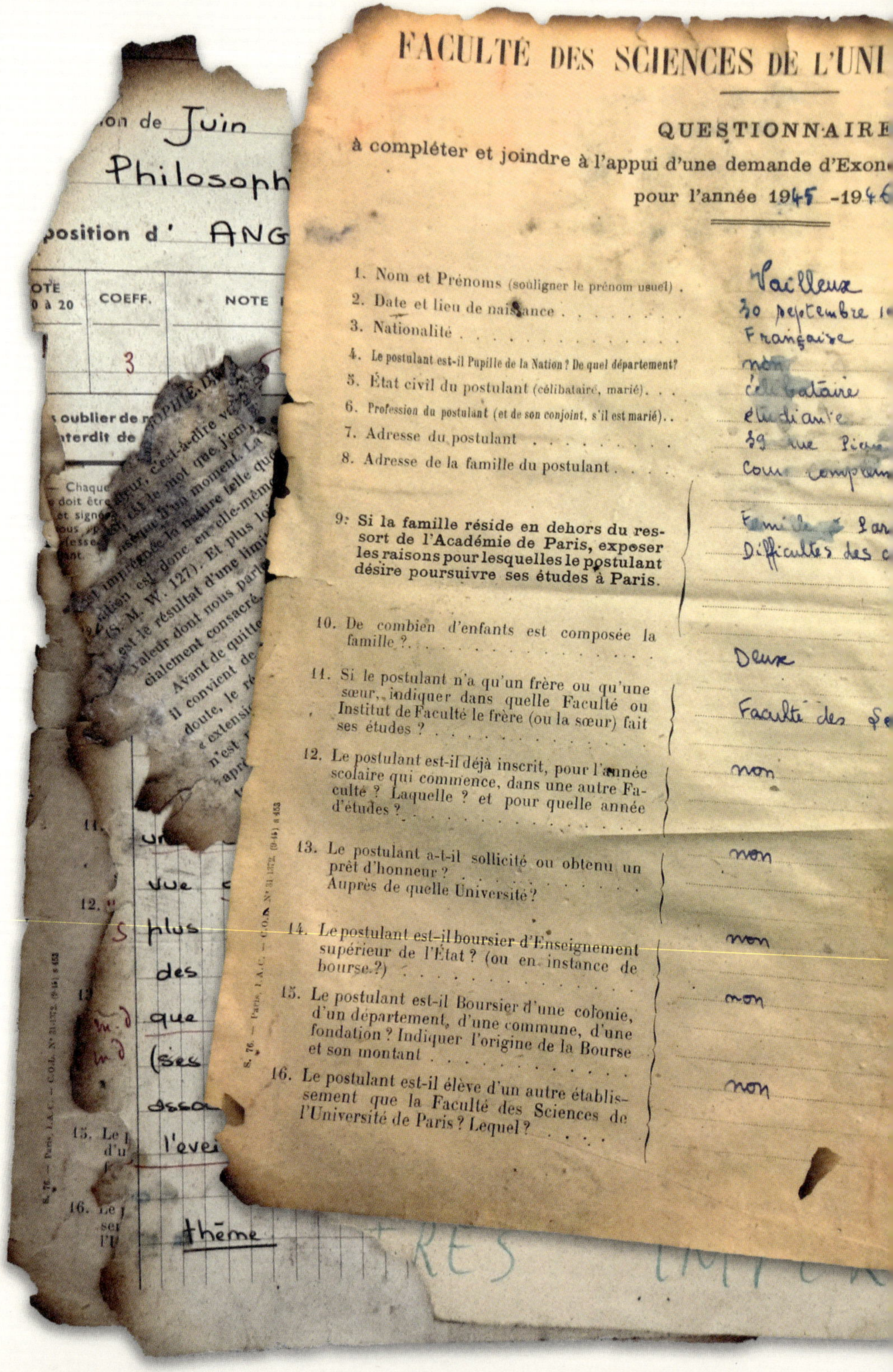

FACULTÉ DES SCIENCES DE L'UNI

QUESTIONNAIRE

à compléter et joindre à l'appui d'une demande d'Exon

pour l'année 1945 -1946

1. Nom et Prénoms (souligner le prénom usuel) . . . . Vailleux
2. Date et lieu de naissance . . . . 30 septembre 1
3. Nationalité . . . . Française
4. Le postulant est-il Pupille de la Nation ? De quel département? non
5. État civil du postulant (célibataire, marié). . . célibataire
6. Profession du postulant (et de son conjoint, s'il est marié). . étudiante
7. Adresse du postulant . . . . 59 rue Pian
8. Adresse de la famille du postulant . . . . . cour compl

9. Si la famille réside en dehors du ressort de l'Académie de Paris, exposer les raisons pour lesquelles le postulant désire poursuivre ses études à Paris. Famille à Par / Difficultés des c

10. De combien d'enfants est composée la famille ? . . . . Deux

11. Si le postulant n'a qu'un frère ou qu'une sœur, indiquer dans quelle Faculté ou Institut de Faculté le frère (ou la sœur) fait ses études ? . . . . . . Faculté des Sc

12. Le postulant est-il déjà inscrit, pour l'année scolaire qui commence, dans une autre Faculté ? Laquelle ? et pour quelle année d'études ? . . . . . . non

13. Le postulant a-t-il sollicité ou obtenu un prêt d'honneur ? Auprès de quelle Université ? non

14. Le postulant est-il boursier d'Enseignement supérieur de l'État ? (ou en instance de bourse ?) . . . . . . non

15. Le postulant est-il Boursier d'une colonie, d'un département, d'une commune, d'une fondation ? Indiquer l'origine de la Bourse et son montant . . . . . . non

16. Le postulant est-il élève d'un autre établissement que la Faculté des Sciences de l'Université de Paris ? Lequel ? . . . . non

S. 76. — Paris, I.A.C. — C.O.A. N° 31.1572 (9-44) x 453

TÉ DE PA
de droits universitaires
SITÉ DE PA
universitaires
Nom (en lettres capitales) : CAUBEL
Prénoms : Lydie-Geneviève
Date de naissance : 4 sept. 42.
Numéro de table : 43.473
Centre d'examen : lycée Carnot.
UNIVERSITÉ DE PARIS
GRAND AMPHITHÉATRE DE LA SORBONNE ET DANS LES ENVIRONS.
Vendredi 10 Mai 1968, à 21 heures
CONCERT
par l'Orchestre à Bombes de la Garde [redacted] Mobile
sous la Direction de [redacted] D. Cohn-Bendit.
SUITE DE [redacted] CONNERIES .... E. Grieg
SÉRÉNADE ×× LACRYMOGÈNE .... P. Tchaïkovsky
SYMPHONIE EN SOL DÉPAVÉ .... J. Rivier
INVITATION pour 2 personnes ou plus.
A échanger au contrôle d'identité.
La concrescence elle-même est donc un sujet in

PERSPECTIVES

Désormais les boîtes d'archives ne pourront plus être refermées, d'autres après nous viendront en dépouiller les centaines de liasses. Nous l'avons fait en souhaitant partager nos découvertes, les soumettre aux regards de chercheurs. Certains historiens l'oublient trop souvent aujourd'hui, l'histoire est un savoir cumulatif. Dans les années à venir s'ouvriront à leur tour les archives de la décennie 1970, marquée par le grand moment répressif contre l'extrême gauche dirigé au ministère de l'Intérieur par Raymond Marcellin du 31 mai 1968 à février 1974. De nouvelles lectures pourront être menées, rendant plus complexes sans doute encore ces années 68.

Ces boîtes ouvertes, on est frappé par des archives du pouvoir qui rendent compte, comme peu de documents, de la formidable prise de parole du « moment 68 ». Les différents dispositifs étatiques d'enregistrement et de saisie du mouvement social permettent d'accéder pour la première fois à une grande finesse de grain de l'événement. Ces archives centrales font entendre le périphérique, le mineur, le « marmonnement du monde » comme disait encore Michel Foucault.

Des voix puissantes

Les voix de la contestation conservées aux Archives nationales par l'État, celui-là même qui fut contesté, fragilisé, sont formidablement puissantes. Combien de fois, en ouvrant certains dossiers, avons-nous été littéralement subjugués par la force de ces voix car, derrière les slogans si souvent entendus, derrière les scènes photographiées devenues iconiques, il y a en œuvre un travail considérable de réflexion. La contestation en 1968 interroge fortement la société française. Partout des comités de réflexion se constituent : dans les services d'un ministère, au sein d'une usine, dans la salle des professeurs d'un lycée agricole, dans un hôpital ou encore au sein d'une classe de collégiens. Si l'État met tant d'énergie pour faire face à l'événement, s'il produit une telle réponse, c'est que le mouvement de 68 est d'abord, on néglige trop souvent cette dimension, une remise en cause par l'ouverture de grands chantiers collectifs d'un ensemble d'impensés sociaux (la domination, le centralisme, la violence, en particulier) ; à partir du printemps 1968, commence un travail de fond de questionnement qui n'a pas ses réponses toutes faites, mais qui prend comme objet tout à la fois la situation des travailleurs immigrés, la condition des femmes, les sexualités, la définition de la jeunesse, le rapport entre travail intellectuel et travail manuel ou bien encore les notions de risques professionnels… Dans les années qui suivent, ce questionnement s'intensifie, devenant l'objet de groupes « transversaux », comme les désigna Gilles Deleuze, faisant des voix de la contestation les perspectives d'une nouvelle société. Ce travail de fond amorcé en 1968, dont le pouvoir malgré son déni premier est obligé de considérer la nécessité, a conduit aux changements profonds des années 1974-1975 : la majorité civile à 18 ans, l'autorisation de l'interruption volontaire de grossesse (IVG), les nouveaux programmes dans l'enseignement secondaire, l'accès à l'Université, les réformes pénitentiaires…

L'art de gouverner

Mais il n'y a pas que la société qui change, l'État lui-même et son art de gouverner, dont ce livre tente de restituer les divers gestes, sont aussi l'objet de changements profonds. Même si la Ve République sort grandie de la crise, avec la large victoire des partis gaullistes aux législatives de juin, elle ne cesse dans ces années post-68 d'être dans l'obligation de se transformer, de modifier ses façons de fonctionner. L'évolution du Service d'action civique (SAC) – créé en 1959 pour soutenir l'action du général de Gaulle – avec la diversification de son activité clandestine et un recours plus systématique à l'action armée, est peut-être l'un des marqueurs forts de cette prise de conscience par l'État de son ébranlement. Désormais, les fronts sont multiples, les foyers de lutte pluriels. L'art de gouverner du général de Gaulle est, ses propres partisans le savent, un art du passé. Le face à face est désormais inévitable et les années 1971-1972 en seront le théâtre violent.

Orientation bibliographique

TÉMOIGNAGES

BALLADUR Édouard, *L'Arbre de Mai : chronique alternée,* Paris, M. Jullian, 1979, 367 p.

DAUM Nicolas, *Mai 68 raconté par des anonymes,* Paris, Amsterdam, 2008, 327 p.

DEBRÉ Michel, *Trois Républiques pour une France. Mémoires,* t. 4 : *Gouverner autrement (1962-1970),* Paris, Albin Michel, 1993, 396 p.

FOCCART Jacques, *Le Général en mai : 1968-1969. Journal de l'Élysée II.* Fayard/Jeune Afrique, Paris, 1998, 790 p.

FOUCHET Christian, *Mémoires d'hier et de demain. Au service du général de Gaulle, Londres 1940, Varsovie 1945, Alger 1962, Mai 1968,* Paris, Plon, 1971, 301 p.

GRIMAUD Maurice, *En Mai fais ce qu'il te plaît,* Stock, Paris, 1977, 343 p. ; *Je ne suis pas né en mai 68. Souvenirs et carnets, 1934-1992,* Paris, Tallandier, 2007, 440 p.

GUÉNA Yves, *Mémoires d'Outre-Gaulle,* Paris, Flammarion, 2010, 313 p.

JOBERT Michel, *Mémoires d'avenir,* Paris, Grasset, 1974, 310 p.

MARCELLIN Raymond, *L'Importune vérité,* Paris, Plon, 1978, 299 p.

MASSU Jacques, *Baden 68. Souvenirs d'une fidélité gaulliste,* Paris, Plon, 1983, 153 p.

MESSMER Pierre, *Après tant de batailles... Mémoires*, Paris, Albin Michel, 1992, 462 p.

PEYREFITTE Alain, *C'était de Gaulle,* t. 3 : *« Tout le monde a besoin d'une France qui marche (1966-1969) »,* Paris, Librairie générale française, 2001, 894 p.

POMPIDOU Georges, *Pour rétablir une vérité,* publié par Claude Pompidou et Jean-François Saglio, Paris, Flammarion, 1982, 296 p.

TRICOT Bernard, *Mémoires,* Paris, Quai Voltaire, 1994, 502 p.

TRAVAUX ET ESSAIS

ARTIÈRES Philippe et ZANCARINI-FOURNEL Michelle (dir.), *1968. Une histoire collective,* Paris, La Découverte, 2008/ rééd. 2018, 847 p.

AUDIGIER François (dir.), « Mai 68 en débats », *Parlement[s], revue d'histoire politique,* Paris, La Découverte, 2008/1, n° 9, 192 p.

BANTIGNY Ludivine, *1968. De grands soirs en petits matins,* Paris, Seuil, 2018, 464 p.

BENOÎT Bruno, CHEVANDIER Christian, MORIN Gilles, RICHARD Gilles et VERGNON Gilles (dir.), *À chacun son Mai ? Le tour de France de mai-juin 1968,* Rennes, Presses universitaires de Rennes, 2011, 398 p.

BRILLANT Bernard, *Les Clercs de 68,* Paris, Presses universitaires de France, 2003, 629 p.

CERTEAU Michel de, *La Prise de parole,* Paris, Desclée de Brouwer, 1968, 167 p.

CUSSET François, *Contre-discours de mai : ce qu'embaumeurs et fossoyeurs de 68 ne disent pas à ses héritiers,* Arles, Actes Sud, 2008, 174 p.

Damamme Dominique, Gobille Boris, Matonti Frédérique et Pudal Bernard (dir.), *Mai-juin 68,* Paris, Éditions de l'Atelier, 2008, 445 p.
Diaz Charles, *Mémoires de police dans la tourmente de Mai 68,* Paris, Textuel, 2017, 160 p.
Dreyfus-Armand Geneviève, Frank Robert, Lévy Marie-Françoise et Zancarini-Fournel Michelle (dir.), *Les Années 68. Le temps de la contestation,* Paris, Complexe/IHTP, 2000, 525 p.
Dreyfus-Armand Geneviève et Gervereau Laurent, (dir.), *Mai 1968 : les mouvements étudiants en France et dans le monde,* Paris, Bibliothèque de documentation internationale contemporaine, 1988, 303 p.
Faure Christine, *Mai 68 en France ou la révolte du citoyen disparu,* Paris, Les Empêcheurs de penser en rond, 2008, 265 p.
Filiu Jean-Pierre, *Mai 68 à l'ORTF. Une radio-télévision en résistance,* Paris, Nouveau Monde éditions, 2008, 347 p.
Fillieule Olivier (dir.), *Changer le monde, changer sa vie. Enquête sur les militantes et les militants des années 68 en France,* Arles, Actes Sud, 2018, 864 p.
Fink Carol, Gassert Philipp et Junker Detlef (dir.), *1968. The World Transformed,* Cambridge, Cambridge University Press, 1998, 490 p.
Gobille Boris, *Mai 68,* Paris, La Découverte, 2008, 120 p.
Joffrin Laurent, *Mai 68. Histoire des événements,* Paris, Seuil, 1988, 370 p.
Hoctan Caroline, *Mai 68 en revues,* Paris, IMEC, 2008, 301 p.
Lachaise Bernard et Tricaud Sabrina, *Georges Pompidou et Mai 1968,* Bruxelles, Peter Lang, 2009, 203 p.
Lavabre Marie-Claire et Rey Henri, *Les Mouvements de 1968,* Bruxelles-Florence, Casterman-Giunti Gruppo Editoriale, Florence, 1998, 127 p.
Le Goff Jean-Pierre, *Mai 68, l'héritage impossible,* Paris, La Découverte, 1998, 475 p.
Le Mouvement social, « La Sorbonne par elle-même. Mai-juin 68 », documents rassemblés et présentés par Michelle Perrot, Madeleine Rebérioux et Jean Maitron, n° 64, juillet-septembre 1968.
Loyer Emmanuelle, *Mai 68 dans le texte,* Bruxelles, Complexe, 2008, 343 p.
Margairaz Michel et Tartakowsky Danielle, *1968, entre libération et libéralisation,* Rennes, Presses universitaires de Rennes, 2010, 352 p.
Martin Jean-Philippe, *Histoire de la nouvelle gauche paysanne. Des contestations des années 1960 à la Confédération paysanne,* Paris, La Découverte, 2005, 312 p.
Matériaux pour l'histoire de notre temps, « Les années 68 : une contestation mondialisée », 2009/2, n° 94, 96 p.
Mémoire de 68 (association), *Mémoires de 68, guide des sources d'une histoire à faire,* Paris, Verdier, 1993, 350 p.
Mouriaux René, Percheron Annick, Prost Antoine et Tartakowsky Danielle (dir.), *1968, exploration du Mai français,* t. 1, *Terrains,* t. 2, *Acteurs,* L'Harmattan, Paris, 1992, 324 p. ; 370 p.
Pagis Julie, *Mai 68, un pavé dans leur histoire : événements et socialisation politique,* Paris, Presses de Sciences Po, 2014, 339 p.
Papon Maurice, *Le Gaullisme ou la loi de l'effort,* Paris, Flammarion, 1972, 260 p.
Porhel Vincent, *Ouvriers bretons. Conflits d'usines, conflits identitaires en Bretagne dans les années 1968,* Rennes, Presses universitaires de Rennes, 2008, 325 p.

PORHEL Vincent et ZANCARINI-FOURNEL Michelle (dir.), « 68' révolutions dans le genre ? », *Clio,* 2009/1, n° 29, 296 p.
RAJSFUS Maurice, *Sous les pavés, la répression (mai 1968-mars 1974),* Paris, Le Cherche Midi, 1998, 251 p.
REY Henri et CAPDEVIELLE Jacques, *Dictionnaire de Mai 68,* Paris, Larousse, 2008, 479 p.
ROSS Kristin, *Mai 68 et ses vies ultérieures,* Paris, Complexe/Le Monde diplomatique, 2005, 248 p.
SIRINELLI Jean-François, *Mai 68, l'événement Janus,* Paris, Fayard, 2008, 330 p.
TARTAKOWSKY Danielle, *Le Pouvoir est dans la rue. Crises politiques et manifestations en France,* Paris, Aubier, 1998, 296 p.
TOURAINE Alain, *Le Mouvement de Mai ou le communisme utopique,* Paris, Seuil, 1968, 303 p.
VAÏSSE Maurice (dir.), *Mai 68 vu de l'étranger : les événements dans les archives diplomatiques françaises,* Paris, CNRS Éditions, 2008, 222 p.
VIART Dominique (éd.), *Écrire, mai 68,* Paris, Argol éditions, 2008, 299 p.
VIDAL-NAQUET Pierre et SCHNAPP Alain, *Journal de la Commune étudiante. Textes et documents. Novembre 1967-juin 1968,* Paris, Seuil, 1969, coll. « Esprit. La Cité prochaine », 877 p.
VIGNA Xavier, *L'Insubordination ouvrière dans les années 68 : essai d'histoire politique des usines,* Rennes, Presses universitaires de Rennes, 2007, 378 p.
VIGNA Xavier et VIGREUX Jean, *Mai-juin 1968, huit semaines qui ébranlèrent la France,* Dijon, EUD, 2010, 306 p.
Vingtième siècle, revue d'histoire, « L'ombre portée de Mai 68 », 2008/2, n° 98, 292 p.
VIOLEAU Jean-Louis, *Les Architectes et Mai 68,* Paris, Recherches, 2005, 476 p.
WEBER Henri, *Vingt après : que reste-t-il de Mai 68 ?,* Paris, Seuil, 1988, 220 p.
ZANCARINI-FOURNEL Michelle, *Le Moment 68. Une histoire contestée,* Paris, Seuil, 2008, 313 p.

État des sources

Les états des sources deviennent par nature très vite caduques en raison des entrées d'archives et de leur repérage. Une première esquisse des sources disponibles aux Archives nationales sur les événements de 1968 avait été dessinée dans le *Guide des sources d'une histoire à faire* publié en 1994 par l'association Mémoires de 68.

Sont donc ici listés uniquement les fonds d'archives consultés dans le cadre de la préparation de cet ouvrage et de l'exposition *68, les Archives du pouvoir*. Aucun dépouillement de sources d'archives contemporaines ne saurait être exhaustif. Les indications qui suivent ne sauraient signifier ni un programme de recherche systématique ni un état des sources définitif. Il s'agit bien plutôt d'une suggestion, nécessairement lacunaire et limitée, des richesses documentaires relatives aux événements du printemps 1968 conservées aux Archives nationales.

Ont ainsi été sollicités les fonds émanant des institutions suivantes :

PRÉSIDENCE DE LA RÉPUBLIQUE

Papiers du général de Gaulle en AG/5(1), archives du secrétariat général pour les Affaires africaines et malgaches et la Communauté de Jacques Foccart en AG/5(F) complétées par les documents dissimulés par Foccart en 1968 en 113 AJ et ses éphémérides écrites et orales constituant le futur *Journal de l'Élysée* en 20140410.

SERVICES DU PREMIER MINISTRE

Certains papiers relatifs à l'action de Georges Pompidou en 1968 sont conservés dans la sous-série AG/5(2) mais restent à compléter par son fonds personnel coté en 555AP, par celui de Michel Jobert, son directeur de cabinet, coté en 89AJ puis par celui d'Édouard Balladur, conseiller auprès du Premier ministre, coté en 543AP.

ADMINISTRATIONS CENTRALES DES MINISTÈRES

Affaires culturelles, Affaires sociales, Agriculture, Éducation nationale, Fonction publique, Industrie, Information, Intérieur, Justice, Postes et Télécommunications ; ces versements ont été le cas échéant complétés par des fonds d'origine personnelle de titulaires de portefeuilles ministériels ou de leurs collaborateurs : papiers de René Capitant en 645AP, de Jacques de Chalendar, conseiller auprès du ministre de l'Éducation nationale, en 20090319, de Michel Debré en 98AJ, d'Edgar Faure en 505AP, de Christian Fouchet en 97AJ, de Paul-Marie de La Gorce, conseiller auprès de Christian Fouchet puis d'Yves Guéna, en 588AP, d'Yvonne Jougla en 630AP, de Joël Le Theule en 571AP, d'Alain Peyrefitte en 20110361, de Philippe Sauzay, conseiller auprès d'André Malraux, en 20160234.

ASSEMBLÉE NATIONALE

ÉTABLISSEMENTS PUBLICS

Office de radiodiffusion télévision française, théâtre national de l'Odéon, École nationale des beaux-arts

SERVICES DÉCONCENTRÉS DE L'ÉTAT

Rectorat de l'académie de Paris

JURIDICTION

Cour de sûreté de l'État en 5W.

Plusieurs fonds d'origine privée viennent compléter ce panorama :

FONDS PERSONNELS

Pierre Bartoli, secrétaire général du rectorat de Paris en 729AP, Pierre Lefranc en 569AP, Pierre Mendès France en 115AJ, archives de Benoît Frachon déposées par l'Institut CGT d'histoire sociale en 207AS(I), archives de militants étudiants collectées par la Cité des mémoires étudiantes en 203AS, fonds collectés et déposés par l'Institut français d'histoire sociale en 14AS.

FONDS PRIVÉS ASSOCIATIFS

Association nationale pour le soutien de l'action du général de Gaulle en 81AS, Association pour la Ve République en 99AS, Collectif intersyndical universitaire d'action pour la paix au Vietnam en 153AS, Parti socialiste unifié en 581AP.

Outre ces fonds d'archives plusieurs collections de tracts et périodiques ont été mobilisées :
Collection de tracts et brochures en 78AJ, archives du Musée pédagogique en 71AJ, collecte constituée par Jean-François Lyotard et versée par le service d'archives de l'EHESS, collections du musée de l'Histoire de France (AE/II).

Les instruments de recherches décrivant ces fonds sont disponibles dans la salle des inventaires virtuelle des Archives nationales. Aussi foisonnants soient-ils, ces documents invitent à être mis en dialogue avec les fonds d'archives conservés dans l'ensemble du réseau des Archives de France et des institutions patrimoniales françaises.

Remerciements

Cet ouvrage a été réalisé dans le cadre de l'exposition *68, les Archives du pouvoir* présentée du 3 mai au 17 septembre 2018 à l'hôtel de Soubise et du 24 mai au 22 septembre 2018 en salle d'exposition du site de Pierrefitte-sur-Seine des Archives nationales.

Les Archives nationales souhaitent remercier toutes les personnes qui ont contribué à l'exposition, ainsi que les institutions prêteuses et partenaires pour leur aide à la recherche dans leurs fonds et à l'organisation de manifestations communes.

Françoise Banat-Berger, directrice des Archives nationales
Ghislain Brunel, directeur des Publics
Emmanuel Rousseau, directeur des Fonds
Béatrice Hérold, directrice de l'Appui scientifique
Pierre Fournié, responsable du département de l'Action culturelle et éducative – musée des Archives nationales

COMMISSARIAT SCIENTIFIQUE

Philippe Artières, directeur de recherches au Centre national de la recherche scientifique, Institut interdisciplinaire d'anthropologie du contemporain (IIAC)
Emmanuelle Giry, conservatrice du patrimoine, département de l'Éducation, de la Culture et des Affaires sociales, direction des Fonds, Archives nationales

CONSEIL SCIENTIFIQUE

Nous remercions tout particulièrement Michelle Perrot, professeure émérite d'histoire contemporaine, qui a accepté la présidence du conseil scientifique et Michelle Zancarini-Fournel, professeure honoraire d'histoire contemporaine à l'université Claude Bernard-Lyon 1, pour sa constante disponibilité.
Catherine Aurérin (BnF)
André Derval (IMEC)
Boris Gobille (ENS-Lyon)
Éric Legendre (INA)
Marc Lazar (Sciences Po-Paris)
Géraldine Poels (INA)
Les historiens : Emmanuelle Loyer, Christophe Prochasson, Franck Veyron, Xavier Vigna.
Aux Archives nationales : Émilie Charrier, Nicole Even, Bénédicte Fichet, Vivien Richard.
Enfin cette aventure n'aurait pas pu voir le jour sans le militantisme archivistique dont fit preuve en 1968 Michel Quétin, conservateur du patrimoine honoraire

SERVICE DES EXPOSITIONS-COMMISSAIRES TECHNIQUES

Éric Landgraf, chargé de l'exposition et du suivi éditorial
Christophe Barret, chargé de l'exposition sur le site de Pierrefitte-sur-Seine

STAGIAIRES

Clara Artières-Glissant, Florie Montier, Valentine Olivera, Vanessa Reis

SCÉNOGRAPHIE

Nathalie Crinière, Taoyu Wang

GRAPHISME

C-Album, Abla Bennouna, Jean-Baptiste Taisne

AGENCEMENT

Stand-expo-déco

IMPRESSIONS

L'Atelier

ÉCLAIRAGES

Artechnic

AUDIOVISUELS

La Méduse

ASSURANCE

Gras Savoye

MONTAGE DES DOCUMENTS ET SUIVI DU CHANTIER

Atelier de montage et d'encadrement, département de l'Action culturelle et éducative : Jean-Hervé Labrunie et Agathe Castellini, Agata Cieluch, Raymond Ducelier, Christophe Guilbaud

RESTAURATION

Atelier de restauration, de reliure et de dorure, département de la Conservation : Éric Laforest, Lucie Moruzzis

PHOTOGRAPHIES ET RECHERCHES ICONOGRAPHIQUES

Département de la Conservation, pôle image : Céline Gaudon, Marc Paturange et Carole Bauer, Nicolas Dion, Pierre Grand, Guillaume Grosjean, Stéphane Méziache

COMMUNICATION

Catherine Vergriète, Ratiba Kheniche, Léa Pinard, Laurent Champion

PROGRAMMATION ARTISTIQUE ET CULTURELLE

Anne Rousseau, département de l'Action culturelle et éducative

ACCOMPAGNEMENT PÉDAGOGIQUE

Service éducatif, département de l'Action culturelle et éducative, Archives nationales : Annick Pegeon et Ludovic Lavigne

CONTRIBUTEURS

Faisoil Abdoulaziz, Chay Amozig, Michèle Arigot, Isabelle Aristide, Pascale Bailly, Jean-Pierre Bat, Claire Béchu, Solange Bidou, Guy Bernard, Pauline Berni, Violaine Challéat-Fonck, Corinne Charbonnier, Émilie Charrier, Philippe Donnart, Nicole Even, Bénédicte Fichet, Nadine Gastaldi, Samuel Gibiat, Houria Gonzales, Karim Korchi, Régis Lapasin, Nathalie Le Bec, Hubert Leclercq, Anne Le Foll, Sylvie Le Goëdec, Stéphanie Maillet-Marqué, Catherine Mérot, Maëva Miranville, Marc Morel, Samia Otmani, Pierre-Simon Pellissier, Henri Pinoteau, Édith Pirio, Hugo Pommier, Geneviève Profit, Luc Requier, Vivien Richard, Anne Rohfritsch, Zénaïde Romaneix, Roseline Salmon, Vanessa Sollozi, Sébastien Studer, Pascal Tanésie, Marion Veyssière, Grégory Zeigin

PRÊTEURS

Institut national de l'audiovisuel : Laurent Vallet, président-directeur général, Agnès Magnien, directrice des collections, Éric Legendre, Géraldine Poels, Mileva Stupar, Dominique Thiercelin

Ministère de l'Intérieur : musée des Compagnies républicaines de sécurité

Archives de la préfecture de police : Jean-Marc Gentil, directeur, Aude Roelly, responsable, Bernard Bassette, Nathalie Minart

Archives départementales de Seine-Saint-Denis : Maxime Courban

Association Mémoires d'Humanité : Marc Chabanne

Donateurs et ayants droit de fonds conservés aux Archives nationales :
Édouard Balladur, Premier ministre de 1993 à 1995
Marie-Claude Delmas, conservatrice générale honoraire, ayant droit du fonds d'archives Pierre Bartoli (729AP)

Collection particulière : Jacques Sougy pour le prêt de la DS de Georges Pompidou (avec le soutien du Conservatoire André-Citroën d'Aulnay-sous-Bois)

PARTENAIRES - ÉVÉNEMENTS, COLLOQUE, COMMUNICATION

Archives diplomatiques : Hervé Magro, directeur des Archives diplomatiques, Isabelle Nathan

Bibliothèque nationale de France : Laurence Engel, présidente, Catherine Aurérin, François Nida, Dominique Versavel

Centre Georges Pompidou : Serge Lasvignes, président, Jean-Max Collard, chef du service de la Parole, Romain Lacroix
École nationale supérieure des beaux-arts : Jean-Marc Bustamante, directeur, Armelle Pradalier
Institut national d'histoire de l'art : Éric de Chassey, président
Nous souhaitons également remercier Jean-Marc Zekri, du Reflet Médicis, et Anaïs Kien, de Radio France, pour la réalisation des installations sonores dans la cour d'honneur et l'Agence France Presse.

Crédits photographiques

Hormis les photographies ci-dessous, l'ensemble des références des documents et objets des Archives nationales, de l'INA et du musée des Compagnies républicaines de sécurité est mentionné dans l'ouvrage.

P. 6 : Michel Robinet/Fonds France-Soir/BHVP/Roger-Viollet. **P. 11 :** Rue des Archives/AgiP. **P. 20 :** Keystone-France/Gamma-Francis Chaverou/Rapho. **P. 21 :** Gamma-Rapho. **P. 22 :** AP-Wirephoto. Bernard Charlet/Fonds France-Soir/BHVP/Roger-Viollet. **P. 23 :** Keystone-France. **P. 32 :** Gérard Aimé/Gamma-Rapho. **P. 43 :** Keystone-France/Gamma. **P. 44-45 :** AFP-Photo. **P. 50-51 :** Keystone-France/Gamma. **P. 60-61 :** Georges Azenstarck/Roger-Viollet. **P. 62 :** Keystone-France. **P. 67 :** Keystone-France/Gamma. **P. 72 :** Bernard Charlet/Fonds France-Soir/BHVP/Roger-Viollet. **P. 86 :** Keystone-France. **P. 88-89 :** AFP-Photo. **P. 95 :** AP-Wirephoto. **P. 105 :** AFP-Photo. **P. 108 :** Gamma-Rapho. **P. 111 :** Keystone-France. **P. 110 :** Michel Pansu/Fonds France-Soir/BHVP/Roger-Viollet. **P. 119-123 :** Georges Azenstarck/Roger-Viollet. **P. 148 :** Francis Chaverou/Rapho. **P. 165 :** AFP-photo. **P. 168-169 :** AP-Wirephoto. **P. 170 :** Gérard Aimé/Gamma-Rapho. **P. 175-183-185 :** AFP Photo. **P. 200 :** Fonds France-Soir/BHVP/Roger-Viollet. **P. 216 :** Colette Masson/Roger-Violle. **P. 221 :** Rue des Archives/AGIP. **P 231 :** Keystone-France. **P. 244 :** Michel Robinet/Fonds France-Soir/BHVP/Roger-Viollet. **P. 247 :** Jacques Boissay/Fonds France-Soir/BHVP/Roger-Viollet. **P. 252 :** Yves Le Roux/Gamma. **P. 258 :** Janine Niepce/Roger-Viollet. **P. 270 :** AFP Photo.

LES ARCHIVES NATIONALES

Les Archives nationales sont un service à compétence nationale du ministère de la Culture. Elles sont chargées de la collecte, du classement, de la conservation, de la restauration, de la communication et de la valorisation des archives publiques des services centraux de l'État (hors ministères des Armées et de l'Europe et des Affaires étrangères), des opérateurs nationaux, des minutes des notaires de Paris et des fonds privés d'intérêt national. Dans la perspective de partager avec le plus grand nombre la richesse des fonds dont elles ont la garde et de concourir à leur valorisation tant scientifique que culturelle, les Archives nationales développent, parmi leurs différentes actions, une politique de publication.

LA FONDATION D'ENTREPRISE LA POSTE

La Fondation d'entreprise La Poste favorise le développement humain et la proximité à travers l'écriture, pour tous, sur tout le territoire, et sous toutes ses formes. Elle s'engage en faveur de ceux qui sont exclus de la pratique, de la maîtrise et du plaisir de l'expression écrite, contribuant notamment à la lutte contre l'analphabétisme et l'illettrisme numérique. Elle favorise l'écriture novatrice en dotant des prix qui la récompensent, en encourageant les jeunes talents qui associent texte et musique, en offrant un espace de découverte de la culture épistolaire élargie avec sa revue « FloriLettres », en consultation sur le site internet de la Fondation. Enfin mécène de l'écriture épistolaire, elle soutient l'édition de correspondances et les manifestations qui les mettent en valeur.
www.fondationlaposte.org

L'INSTITUT NATIONAL DE L'AUDIOVISUEL

Créé en 1975, l'Institut national de l'audiovisuel (INA), entreprise publique audiovisuelle et numérique, collecte, sauvegarde et transmet le patrimoine audiovisuel français.
Dans une démarche d'innovation tournée vers les usages, l'INA valorise ses contenus et les partage avec le plus grand nombre : sur ina.fr pour le grand public, sur inamediapro.com pour les professionnels, à l'INA THÈQUE pour les chercheurs.
Avec plus de 2 400 documentaires et programmes produits depuis quarante ans, l'INA a acquis une expérience et un savoir-faire uniques dans la construction du récit et le traitement visuel des archives.

Achevé d'imprimer en France par Corlet imprimeur en mars 2018.
Numéro d'impression : 194304
Dépôt légal : avril 2018